Die schöne Handschrift

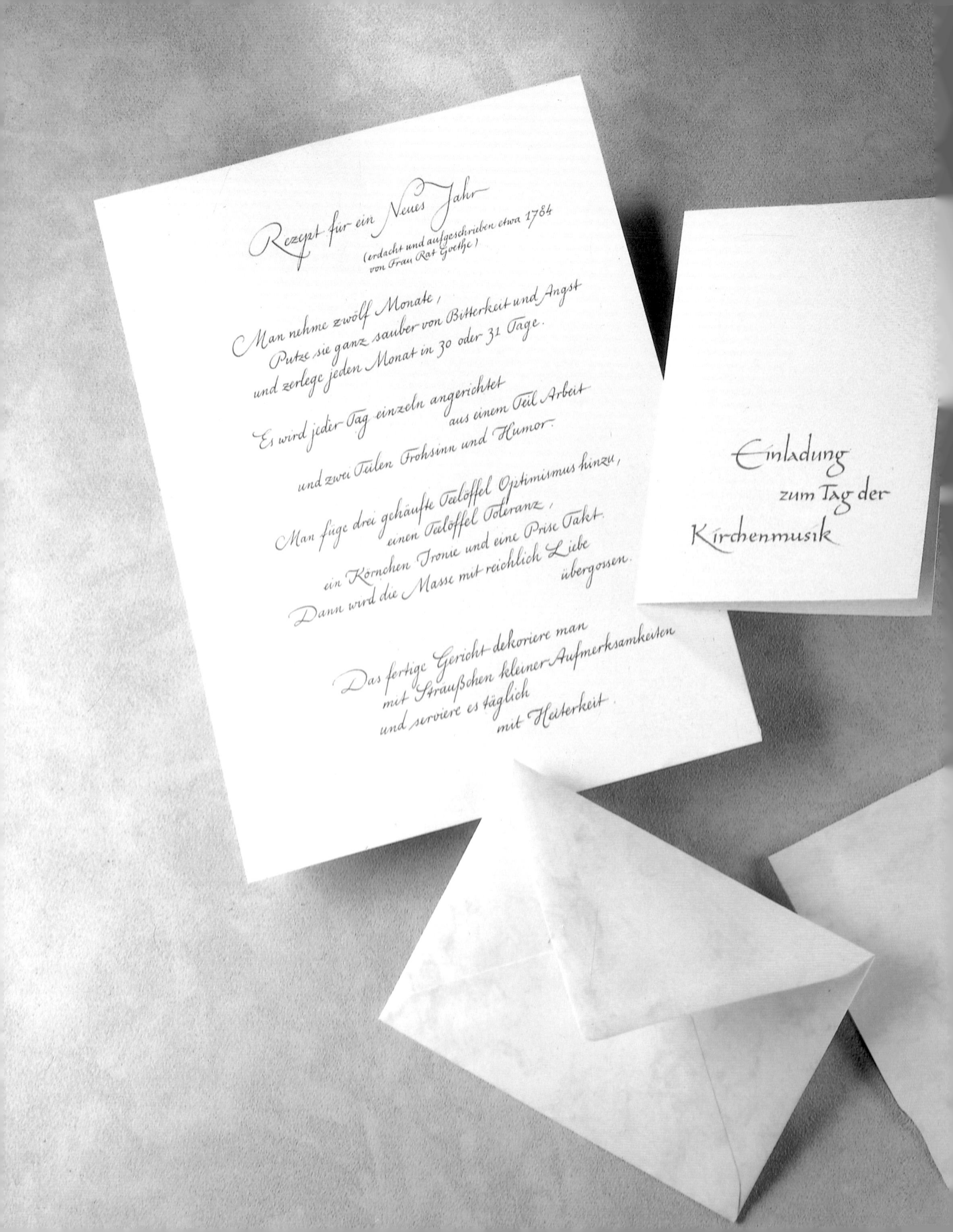
Rezept für ein Neues Jahr
(erdacht und aufgeschrieben etwa 1784
von Frau Rat Goethe)
Man nehme zwölf Monate,
Putze sie ganz sauber von Bitterkeit und Angst
und zerlege jeden Monat in 30 oder 31 Tage.
Es wird jeder Tag einzeln angerichtet
aus einem Teil Arbeit
und zwei Teilen Frohsinn und Humor.
Man füge drei gehäufte Teelöffel Optimismus hinzu,
einen Teelöffel Toleranz,
ein Körnchen Ironie und eine Prise Takt.
Dann wird die Masse mit reichlich Liebe
übergossen.
Das fertige Gericht dekoriere man
mit Sträußchen kleiner Aufmerksamkeiten
und serviere es täglich
mit Heiterkeit.
Einladung
zum Tag der
Kirchenmusik

Reinhard Kunze
Ingrid Schade

Die schöne Handschrift

Anleitungen · Übungen · Beispiele

FALKEN

Inhalt

Herzliche Glückwünsche zum Hochzeitsfest

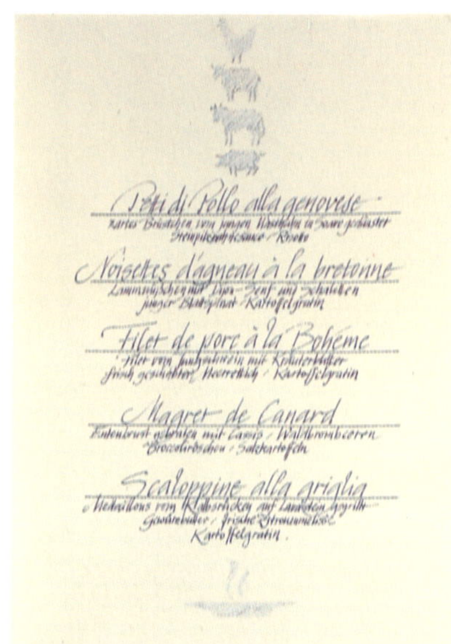

Petti di Pollo alla genovese
Noisettes d'agneau à la bretonne
Filet de porc à la Bohême
Magret de Canard
Scaloppine alla griglia

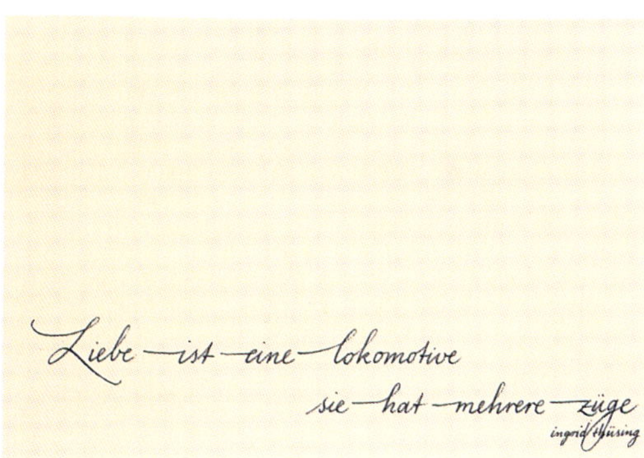

Liebe ist eine lokomotive
sie hat mehrere züge

Vera Maiwald

Einladung
zu Ihrem
ganz privaten
Schreibkurs
"Die schöne
Handschrift"

Wir laden Sie ein

Schrift ist Ausdruck der Persönlichkeit. Eine schöne Handschrift drückt den Charakter des Schreibenden und seinen guten Geschmack aus. Deshalb wird eine schöne Handschrift von anderen ebenso gern gesehen wie etwa eine geschmackvoll gekleidete, interessante Persönlichkeit.
Eine schöne Handschrift ist aber noch mehr als die Visitenkarte der Persönlichkeit. Sie ist die Spur harmonischer körperlicher Bewegung. Schreiben ist in dieser Beziehung eng mit dem Tanz verwandt. Beim Schreiben, ebenso wie beim Tanzen, geht es darum, lebendigen Rhythmus aufzunehmen und seine Bewegungen in diesem Rhythmus schwingen zu lassen. Schönes Schreiben ist ein Erlebnis in sich selbst, eine wunderbare Erfahrung, und ein schön geschriebenes Blatt ist auch immer eine Erinnerung an das Erlebnis Schreiben.

Schritt für Schritt zur schönen Handschrift

Schönes Schreiben kann man lernen, es bedarf dazu keines besonderen Talents. Wer *schon* schreiben kann, kann auch *schön* schreiben. Natürlich geht es nicht ganz ohne Übung. Die Schreibhand muß ihre „Tanzschritte" eintrainieren, bevor sie souverän Buchstaben zu Wörtern, Wörter zu Zeilen fügt. Glücklicherweise macht aber schon das Üben sehr viel Freude!
Unser Anleitungsbuch „Die schöne Handschrift" soll Sie in die faszinierende Welt des Schreibens begleiten. Mit praktischen Anleitungen in kleinen Schritten, hilfreichen Tips und hier und dort mit einer Anekdote aus der Geschichte der Handschrift.
Sie selbst bestimmen, wie schnell Sie vorangehen möchten. Das Buch ist unterteilt in überschaubare Lerneinheiten; Sie können selbst entscheiden, ob Sie einen Abschnitt lesen möchten, ob Sie die praktischen Übungen mitmachen wollen oder ob Sie einfach nur die Illustrationen auf sich wirken lassen.

Ein Weg zur Kunst

Von der schönen Handschrift öffnet sich der Weg zur Schriftkunst, ja zur Kunst im allgemeinen. Den ganzen Reichtum der Kultur können Sie so mit Ihrem ganz persönlichen Schlüssel erschließen. Genug für eine lebenslange, genußreiche Beschäftigung. Mit der Kultivierung Ihrer eigenen Handschrift tun Sie den wichtigsten Schritt. Die Autoren wünschen Ihnen dabei viel Vergnügen!

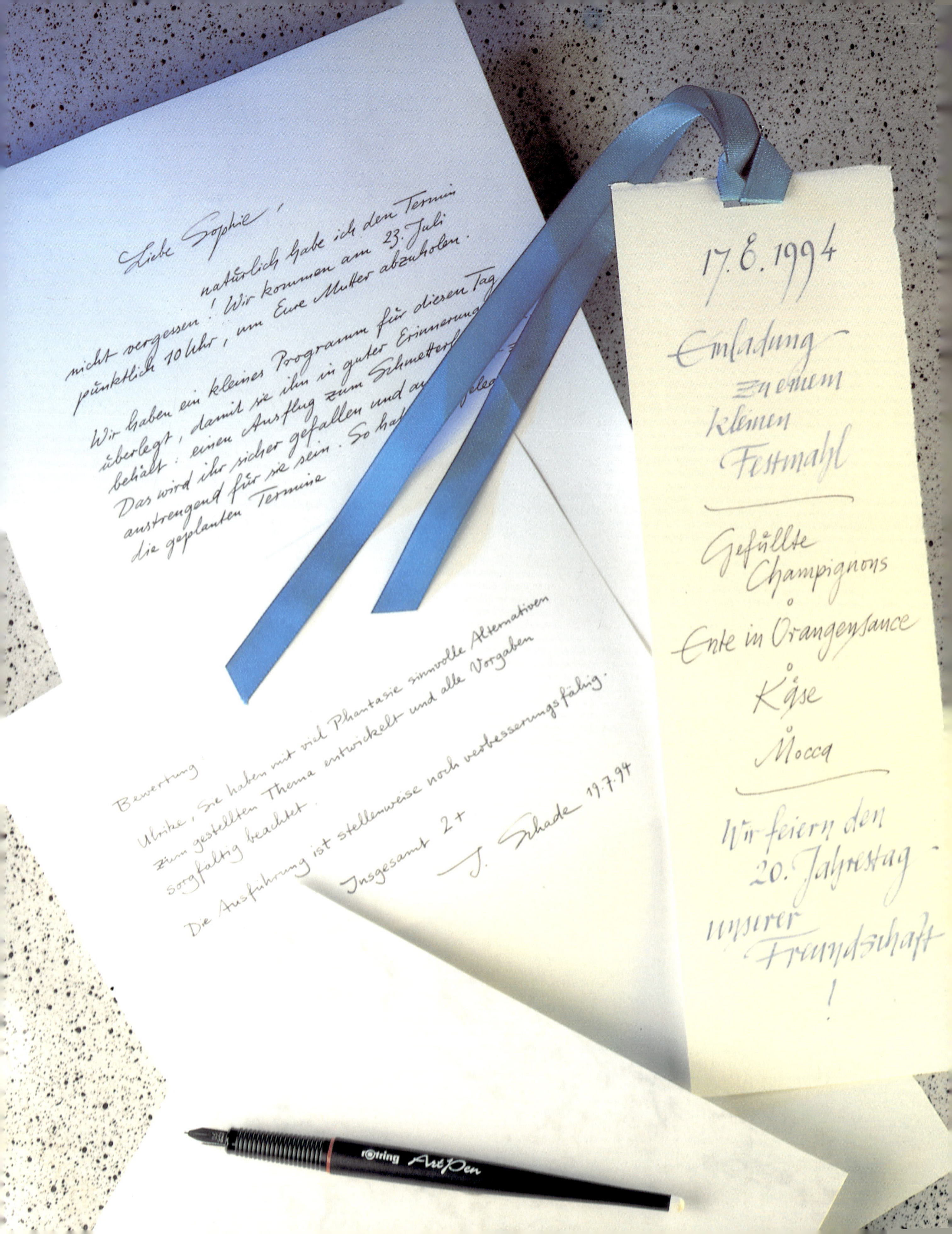
Liebe Sophie,
natürlich habe ich den Termin
nicht vergessen! Wir kommen am 23. Juli
pünktlich 10 Uhr, um Eure Mutter abzuholen.
Wir haben ein kleines Programm für diesen Tag
überlegt, damit sie ihn in guter Erinnerung
behält: einen Ausflug zum Schmetterl
Das wird ihr sicher gefallen und a
anstrengend für sie sein. So hab
die geplanten Termine
Bewertung
Ulrike, Sie haben mit viel Phantasie sinnvolle Alternativen
zum gestellten Thema entwickelt und alle Vorgaben
sorgfältig beachtet.
Die Ausführung ist stellenweise noch verbesserungsfähig.
Insgesamt 2+
J. Schade 19.7.94
17.6.1994
Einladung
zu einem
kleinen
Festmahl
Gefüllte
Champignons
Ente in Orangensauce
Käse
Mocca
Wir feiern den
20. Jahrestag
unserer
Freundschaft
!
rotring ArtPen

Erste Schritte

Gewachsene Handschrift

Wenn Sie die Handschrift gegenüber aufmerksam betrachten, finden Sie viele kleine Anhaltspunkte für Verbesserungen. Die Aufmerksamkeit für die Handschrift ganz allgemein ist die wichtigste Voraussetzung zur Verbesserung der eigenen Schrift

Ihre eigene Handschrift ist ein Stück von Ihnen selbst, ein wichtiger Teil Ihres Lebens und Ihrer Persönlichkeit. Wenn Sie etwas mit eigener Hand geschrieben haben, erkennt man, daß es von Ihnen kommt, selbst ohne den Inhalt gelesen zu haben.
Deshalb sollten Sie Ihre persönliche Handschrift auch zum Ausgangspunkt jeder Schriftverbesserung machen. Es geht in diesem Buch nur darum, Ihnen Wege zu eröffnen, wie Sie durch wachsendes Verständnis und ein geschultes Auge für Schrift nach und nach eine verschönerte eigene Handschrift formen können. Alle Beispiele und Alphabete sollten Sie also nur als Orientierungshilfen betrachten und nicht exakt nachschreiben.

Alltägliches Schreiben

Auf der gegenüberliegenden Seite haben wir einen Zettel mit einer ganz gewöhnlichen Alltagsschrift abgedruckt. Wie Sie sehen, äußert sich die Schreiberin dieser Zeilen zum Thema Handschrift. Sie bedauert, nie richtig Zeit dafür gehabt zu haben, sich um ihre Handschrift zu kümmern.
Viele Menschen haben die gleiche Erfahrung gemacht. In der Schule hat man noch – wenigstens zeitweise – auf die Handschrift geachtet. Später ist dann nur noch der Inhalt wichtig, und es bleibt keine Zeit für eine ansehnliche Formgebung. So geht mit der Zeit auch das Auge für Schriftgestaltung verloren.
Unser Ziel soll nun sein, dieses „Auge für Schrift“ wiederzugewinnen. Schauen Sie doch einfach einmal ganz unbefangen auf das Blatt, und spielen Sie ein bißchen Detektiv!
Der herausgerissene linke Rand – deutet er nicht auf Hast und Eile? Dennoch: Die Schrift beginnt regelmäßig an der linken Randlinie. Die Schreiberin scheint also eigentlich einen gewissen Sinn für Anordnung mitzubringen.
Aber dann: Das Bemühen, auch rechts einen einigermaßen gleichmäßigen Rand einzuhalten, hat sich nicht ganz durchhalten lassen. Genauso verrutscht die Schrift nach einiger Zeit unter die Zeile, dann wieder weit darüber, obwohl am Anfang des Schriftstücks noch hübsch ordentlich die Zeile gehalten wurde.
Unsere Untersuchung hat also ergeben, daß hier jemand geschrieben hat, der alle Anlagen zum schönen Schreiben hat, aber – wahrscheinlich umständehalber – nicht dazu gekommen ist, ein wenig zu üben. Vielleicht geht es Ihnen auch nicht anders. Wenn es so ist, wird Ihnen unser Buch helfen, Ihr Talent zur Entfaltung zu bringen.

Geordnete Gedanken

Ein Schriftstück gibt Gedanken wider, die in sich eine gewisse *Gliederung* enthalten. Es spiegelt die Gedanken natürlich viel besser wider, wenn auch die äußere Form des Textes entsprechend geordnet wird.
Eine Schriftseite wird in erster Linie durch *Absätze* gegliedert und erhält dadurch ein spannungsreiches und angenehmes Gesamtbild. Das gilt für ein Handschreiben genauso wie für eine gedruckte Seite. Übrigens: Die Drucker bezeichnen eine Seite ohne jede Absatzgliederung als „Bleiwüste“ – ein sicherlich treffendes Gleichnis, das noch aus der Zeit des Bleisatzes stammt.
Unsere Schreiberin hat wahrscheinlich gar keine Zeit gehabt, sich zu überlegen, daß ihre Gedanken eine ganz natürliche Gliederung enthalten. Zum Beispiel könnte mit den Worten „So ist meine Handschrift zum Spiegelbild eines rastlosen Lebens geworden“ ein neuer Absatz begonnen werden, denn hier wird ein Resümee gezogen.

Manchmal kann ich meine eigene Handschrift nicht mehr lesen. In der Eile kommt die Hand den Gedanken nicht nach. Eigentlich ist das sehr schade. Ich hatte früher eine ganz ansehnliche Schrift. Aber mit den Jahren haben sich viele Nachlässigkeiten eingeschlichen. So ist meine Handschrift zum Spiegelbild eines rastlosen Lebens geworden. Wie oft habe ich mir vorgenommen, mich in Ruhe hinzusetzen und Dir einen Brief zu schreiben, der sich sehen ~~läßt~~ lassen kann. Aber, wie bei so vielen guten Vorsätzen: mit der Ausführung hat es immer gehapert.

Aller Anfang ist leicht

Für viele Übungen in diesem Buch können Sie Ihre gewachsene Charakterschrift anwenden. Sie werden trotzdem bemerken, daß sich Ihr Schriftbild insgesamt viel ansehnlicher gestaltet, wenn Sie ein aufmerksames Auge für Schriften aller Art entwickeln. Schreiben Sie den Text gegenüber mit Ihrer eigenen Handschrift ab

Schon mit Ihrer eigenen Handschrift können Sie ein Schriftblatt ästhetisch gestalten. Zunächst brauchen Sie nicht mehr als einen Text und eine Idee, wie Sie die Gedanken und das Geschriebene untergliedern möchten.

Als Anhaltspunkt haben wir auf der gegenüberliegenden Seite ein Musterblatt abgebildet. Sie können diesen Text zum Üben verwenden. Ein Vorteil daran ist übrigens, daß er von dem handelt, womit wir uns nun befassen wollen.

Bitte legen Sie sich ein Blatt Papier und Ihren Füllfederhalter oder einen Bleistift zurecht. Das Papier kann liniert oder kariert sein; wenn Sie ohne Zeilenhilfe relativ gerade Zeilen schreiben können, ist auch unliniertes Papier geeignet.

Mit Hilfe der folgenden Tips wird es Ihnen nicht schwerfallen, zu einem ansehnlichen Resultat zu gelangen. Vielleicht gelingt Ihnen nicht sofort eine befriedigende Lösung – das macht aber nichts. Beim Lernen kommt es auf eigene Erfahrungen genauso an wie auf das richtige Verstehen der Anleitungen und auf eine sorgfältige Ausführung.

Außerdem sollten Sie nicht zu streng mit sich sein: Wenn Sie mit Ihrer Schrift leicht aus der Zeile rutschen, schadet das an dieser Stelle gar nichts. Die Hauptsache ist, daß Sie sich vornehmen, Ihre Gliederung sorgfältig zu Papier zu bringen. Was eventuell nicht so geworden ist, wie Sie es sich vorgestellt haben, gibt Ihnen genaue Anhaltspunkte, was Sie üben und verbessern können.

Text bewußt aufbauen

Wenn Sie nun Ihren kleinen Text schreiben, betrachten Sie bitte die gegenüberliegende Seite immer wieder, und vergleichen Sie Ihre Zwischenresultate. Es geht hier nicht um die Form der einzelnen Buchstaben, sondern nur um einige hilfreiche Beobachtungen für den Seitenaufbau.

Die Gliederung ist sehr einfach: Es gibt drei *Absätze*. Zwischen den einzelnen Absätzen ist eine Zeile freigelassen worden. Dadurch wirken die Absätze in sich geschlossen und bilden grafische Einheiten, die ihrerseits gedankliche Einheiten widerspiegeln.

In jeder ersten Zeile eines Absatzes beginnt die Schrift ein Stückchen rechts vom Zeilenanfang. Man nennt das *Einzug*. Es ist eigentlich nicht notwendig, Erstzeilen mit einem Einzug zu beginnen, wenn die Absätze durch ausreichende Abstände deutlich getrennt sind. Dennoch kann der Einzug auch in diesem Fall gut aussehen, und wir konnten Sie an dieser Stelle gleich damit vertraut machen.

Der allererste Buchstabe, das D, wurde etwas größer als normal geschrieben. Solche Buchstaben werden *Initial* genannt und haben in der Geschichte der Schrift eine uralte Tradition, die bis in die Antike zurückreicht. Sie können dieses und die anderen beiden Gestaltungsmittel schon mit Ihrer eigenen Handschrift effektvoll einsetzen.

Sorgfalt

Sorgfalt ist die erste Voraussetzung für schönes Schreiben. Sorgfalt enthält gewissermaßen den Befehl an das Auge, auf die Form zu achten. Dadurch, daß Sie sich auf das Bild der Schrift konzentrieren, haben Sie schon einen wesentlichen Schritt nach vorn getan.

Die Charakterschrift ist der spontane Ausdruck der Persönlichkeit. Ihr Charme liegt in ihrer natürlichen Direktheit.

Ein bißchen Ordnung im Aufbau eines Schreibens gibt der Charakterschrift einen ansehnlichen Rahmen, ohne ihre Natürlichkeit einzuschränken. Die harmonische Verteilung der Schriftpassagen auf dem Blatt ist der wichtigste Schlüssel für den Aufbau.

Absätze wirken auf das Auge wie geometrische Flächen. Die dunkleren Flächen der Absätze auf dem hellen Papiergrund lassen sich durch geschickte Anordnung zu einem spannungsreichen Gesamtbild komponieren.

Ein ArtPen mit Breitfeder ist das ideale Werkzeug für die schöne Handschrift. Er verbindet die Vorteile der klassischen Künstlerfeder mit dem Komfort eines modernen Füllfederhalters. Tintenpatronen oder ein Konverter, in den man Tinte aus einem Glas einfüllen kann, machen die Handhabung bequem

Man braucht nicht viel Material, um seine Handschrift zu kultivieren. Das Foto rechts zeigt neben Lineal, Bleistift, Radiergummi, Tintentöpfchen, Konverter und Patronen einige ArtPen-Füller. Man erhält sie einzeln und als spezielles Sortiment in einem größeren Metallkasten

Materialien

Nach Ihren ersten Erfahrungen mit Schriftgestaltung möchten wir Ihnen im folgenden einige Materialien vorstellen, die Ihnen helfen werden, Ihre Handschrift ästhetisch zu verbessern.
Außerdem geben Ihnen diese Materialien die Möglichkeit, die wichtigsten Grundlagen der klassisch schönen Handschriften zu erlernen und umzusetzen. Die Investitionen sind gering; es ist nur wichtig, daß Sie Spaß an der Sache haben und ein wenig Ausdauer mitbringen.

Schreibspur – Bewegungsspur

Handschreiben bildet die sichtbare Spur einer *körperlichen Bewegung*. Der Finger, der auf eine beschlagene Scheibe schreibt; der Stock, der Buchstaben in den Sand zeichnet; Bleistift, Kugelschreiber und Füllfederhalter: sie alle bilden ab, wie sich Arm und Hand bewegt haben. Handschreiben ist unmittelbarer körperlicher *Ausdruck* eines bestimmten Menschen.
Jede Form von maschineller Schrift ist dagegen anonym. Wer die Tasten der Schreibmaschine oder des Personal Computers angeschlagen hat – das kann man am Schriftbild beim besten Willen nicht erkennen.
Mit Recht wird Maschinenschrift überall dort als unpassend empfunden, wo eine Mitteilung wirklich persönlich sein sollte. Private Briefe oder gar Liebesbriefe mit der Schreibmaschine zu verfassen, wäre eine Gefühls- und Geschmacklosigkeit.

Richtiges Handwerkszeug

Handschrift erfordert geeignetes Hand-Werkzeug. Das Schreibgerät sollte sich mühelos führen lassen und auch kleine Bewegungsnuancen weitergeben. Am besten leisten das Bleistift und Füllfederhalter. Kugelschreiber, Tintenfeinschreiber, Filzstifte und so weiter schreiben zwar auch, sind jedoch weniger geeignet für die Entwicklung einer schönen Handschrift. Sie erfordern entweder viel Druck oder geben der Schrift keinen Halt. Besonders die beliebten Rollerballs bieten zuwenig Schreibwiderstand, zumal auf glattem Papier.

ArtPen

Das ideale Schreibgerät für die schöne Handschrift ist ein ArtPen, ein spezieller Füllfederhalter mit *Breitfeder.* Die schönsten Schriften in Vergangenheit und Gegenwart sind fast alle mit Breitfedern geschrieben worden, was unsere gesamte Schriftästhetik prägt.
Für die künstlerische Kalligraphie werden seit langem breite Steckfedern aus Stahl verwendet, die man allerdings in die Tinte eintunken oder mit einem Pinsel füllen muß. Für die gebundene schöne Handschrift sind die Steckfedern allerdings nicht sonderlich komfortabel, da das häufige Nachfüllen den Schreibfluß unterbricht und weil die Tinte sehr leicht ausläuft. Steckfedern sind besser für Farben oder pigmenthaltige Tuschen geeignet als für die leichtflüssigen Schreibtinten.
Es gibt eine große Anzahl von ArtPens mit verschiedenen Federn. Für die Entwicklung der schönen Handschrift, wie wir sie beschreiben, reicht zunächst ein *ArtPen Italics 0.9*. Sie können mit diesem Füllfederhalter alle Schriftformen erlernen. Übrigens: Die Ziffern weisen auf die Federbreite hin (0,9 mm).
Natürlich lassen sich einzelne Schriftarten besonders gut mit eigens dafür konzipierten ArtPens schreiben. In den entsprechenden Kapiteln werden wir dazu Hinweise geben.
Zunächst jedoch kann sich Ihre Investition auf einen ArtPen Italics 0.9 beschränken. Kaufen Sie sich am besten im Fachhandel ein Qualitätsgerät; es ist zuverlässiger und langlebiger als billige Massenware oder Design-Imitationen, deren Schreibqualität sehr zu wünschen übrig läßt. Dies gilt übrigens auch für die Tinte: ArtPen Ink ist etwas teurer als gewöhnliche Tinte, dafür aber ungleich reiner und kräftiger im Ton, was der Ansehnlichkeit Ihres geschriebenen Textes entgegenkommt.

rotring
ArtPen
ArtPen Ink
Brillant
B 20
RUMOLD FL41

Der Handel bietet eine Fülle interessanter Schreibpapiere an, als Einzelblätter oder Blocks, auch Karten und Umschläge in verschiedenen Farben und Formaten. Unser Tip: Vor allem dekorative Sorten sollten Sie testen, bevor Sie sich einen größeren Vorrat zulegen. In manchen Fällen ist das Unterlegen eines Linienblattes hilfreich. Sehr edel wirkt natürlich das traditionelle, aber auch kostspielige Büttenpapier. Zum Üben eignet sich hervorragend das leicht durchscheinende Layoutpapier, das es als Grafikerbedarf zu kaufen gibt

Geeignetes Papier

Papier ist kein geringer Kostenfaktor. Daher lohnt es sich, für die verschiedenen Aufgaben unterschiedliche Qualitäten zu beschaffen.
Für die meisten Übungszwecke ist gewöhnliches Schreibmaschinen- oder auch Kopiererpapier völlig ausreichend. Es wird meist in 500-Blatt-Paketen günstig angeboten und ist bei jedem Fachhändler für Schreibwaren erhältlich. Es ist gut, daß das Papier blanko, ohne Lineatur, geliefert wird. Für unsere Zwecke sind die Standardlinien ungeeignet.
Meiden sollten Sie saugende Papiere, zu denen sehr viele Büroblocks gehören. Diese Papiere sind für Kugelschreiber bestimmt, und außerdem sparen die Hersteller an der Leimung. Die Leimung sorgt dafür, daß die Tinte gut angenommen wird und dennoch nicht im Papier zerfließt. Leider sind auch die meisten Umweltpapiere (noch!) von geringer Qualität und daher für das Schreiben mit dem Füllfederhalter wenig geeignet.
Gleichfalls wenig brauchbar sind Papiere, deren Oberfläche satiniert oder beschichtet, das heißt chemisch versiegelt ist. Derartige Papiere nehmen die Tinte gar nicht an, sie schwimmt gewissermaßen auf der glatten Oberfläche.
Ärgerlicherweise sind auch viele Zierpapiere, die als „Pergament" oder „Elefantenhaut" bezeichnet werden, oberflächenbeschichtet; wenn Sie darauf schreiben möchten, lassen Sie sich besser vorher von Ihrem Schreibwarenfachhändler beraten.
Wer Wert auf Qualität legt, dem sind Layoutpapiere und hochwertige Schreib- und Büttenpapiere zu empfehlen. Die Layoutpapiere verleihen der Schrift einen sehr guten Stand. Da sie halbtransparent sind, eignen sie sich besonders zum Nachschreiben untergelegter Muster sowie für Entwurfsarbeiten.
Hochwertige Schreibpapiere und echte Büttenpapiere sind sehr teuer. Dafür geben sie der Schrift aber auch ein unvergleichlich schönes Bild. Die *Fett-Fein-Kontraste,* bedingt durch die breiten und schmalen Striche beim Schreiben mit dem Breitfeder-ArtPen, kommen ausgezeichnet zum Tragen; und die feine Eigentönung dieses Papiers verleiht jedem Schriftstück Noblesse.

Weiteres Zubehör

Für die schöne Handschrift brauchen Sie wirklich nicht viel: außer ArtPen, Tinte und Papier noch einen Bleistift und ein Lineal zum Linieren sowie einen Radiergummi zum Entfernen dieser Hilfslinien.
Eine sehr nützliche – wenn auch nicht billige – Anschaffung ist eine Zeichenplatte mit Schrägsteller. Die leichte Schrägung ist sehr angenehm beim Schreiben, und mit Hilfe der T-Schiene und der Skalen ist das Linieren ein Kinderspiel.

Arbeitsplatz

Das schlimmste, was Ihnen beim Schreiben passieren kann, ist zu verkrampfen. Schreiben Sie daher möglichst an einem Tisch mit guter Beleuchtung, und sitzen Sie aufrecht. Bitte beugen Sie sich nicht über das Blatt, sondern blicken Sie mit gutem Abstand auf Blatt und Schreibhand.
Sie brauchen genügend Spielraum für Ihre Arme, denn die Schreibbewegung geht letzten Endes von der Schulter aus. Sorgen Sie für eine Schreibgeräteablage in Reichweite, und vergessen Sie bitte nie, Ihren ArtPen oder Füller mit der Kappe zu schließen, wenn sie gerade nicht schreiben.
Gestalten Sie Ihren Schreibplatz so angenehm wie möglich; jede Stimmung geht unmittelbar in Ihr Schriftbild ein; und eine schöne Stimmung kann ganz wesentlich zu einem schönen Schriftbild beitragen.

Die Breitfeder kennenlernen

Natürlich wird Ihnen das Schreiben mit dem ArtPen zuerst etwas ungewohnt erscheinen. Das liegt daran, daß die gesamte Federkante flach auf dem Papier liegen muß, damit der Strich in seiner ganzen Breite sauber ausgeführt werden kann. Selbst wenn es zu Beginn noch etwas damit hapern sollte: Keine Angst, Sie gewöhnen sich sehr schnell an das Schreibgefühl mit Ihrem neuen ArtPen.
Die Breitfeder wird auch als „Bandzugfeder" bezeichnet. In diesem Namen sind zwei wesentliche Eigenschaften der Breitfeder betont: Zum einen erscheint der Strich als ein breites *Band,* zum anderen wird dieses Band durch *Ziehen* der Feder hervorgebracht.

Breit und schmal

Die Breitfeder des ArtPens verleiht Ihrer Handschrift einen charakteristischen Duktus

Setzen Sie also Ihre Feder mit der ganzen Federkante flach aufs Papier. Sie sollte auf einer Diagonalen stehen (bezogen auf kariertes Papier), wie auf Seite 19 oben links abgebildet. Ziehen Sie nun die Feder nach rechts unten, ohne sie zu drehen, und zwar mit leichtem Druck. Wie bei einem Scheibenwischer hinterläßt die Feder nun eine breite Spur, auf der die Tinte stehenbleibt.
Setzen Sie die Feder zurück auf die Diagonale, und ziehen Sie sie vorsichtig nach rechts oben. Jetzt gleitet die Feder auf der schmalen Kante, wie eine Schlittschuhkufe, und hinterläßt einen schmalen, feinen Strich.
Mit den beiden Grundbewegungen (Breit-Herunterziehen und Nach-oben-Gleiten auf der schmalen Kante) haben Sie schon die prägenden Eigenschaften der Breitfeder kennengelernt: den Fett-Fein-Kontrast. Mit einem ArtPen ist das wirklich nicht schwierig, weil die Federkante poliert ist. Künstlersteckfedern sind schärfer, sie haken oft im Papier fest.

Gleichmäßiger Federwinkel

Unsere Schriftkultur hat sich aus der charakteristischen Linienführung der Breitfeder entwickelt. Diese Charakteristik wird auch als *Duktus* (vom lateinischen Wort für das „Ziehen") bezeichnet. Die lateinischen Buchstaben der alten Schönschriften bestehen aus breiten und schmalen Teilen, die in vollendeter Harmonie zueinander passen.
Diese Harmonie der Teile kommt durch den gleichmäßigen *Federwinkel* beim Schreiben zustande. Wir haben oben gesagt, daß die Federkante so gehalten werden soll, daß sie auf einer Diagonalen steht. Diese Federhaltung sollen Sie nun beim Schreiben immer beibehalten. Eine Diagonale in einem Quadrat hat einen Winkel von 45° zu den benachbarten Seiten, folglich sprechen wir von einem Federwinkel von 45°.
Schreiben Sie ein X mit einem konstanten Federwinkel von 45°. Sie bemerken, daß der Strich von links oben nach rechts unten (der „Scheibenwischer") sehr viel breiter ist als der von links unten nach rechts oben (die „Schlittschuhkufe"). Schreiben Sie nun ein + mit einem konstanten Federwinkel von 45°. Beide Striche sind gleich breit! Und die Schreibbewegung ist weder „Scheibenwischer" noch „Schlittschuhkufe", sondern etwas dazwischen.
Wenn Sie nun eine Kurve ziehen, merken Sie, wie der Strich auf- und abschwillt – immer vorausgesetzt, Sie halten den Federwinkel konstant. Spielen Sie ein wenig mit den Möglichkeiten der Breitfeder, und versuchen Sie, die Figuren von Seite 19 nachzuschreiben. Und prägen Sie sich die beiden Hauptregeln für das Schreiben mit der Breitfeder ein:
1. Die Feder immer ziehen, nur in Ausnahmefällen schieben.
2. Den Federwinkel stets konstant halten.

Die Übungen dieser Seite wurden mit einer 2,3 mm breiten Feder geschrieben

Die Winkel geben die Haltung der Federkante bezogen auf die Waagerechte an, darunter sind entsprechende Schreibversuche zu sehen

Die Zacken- und Wellenmuster entstanden mit einem Federwinkel von 45°

Zum Vergleich: In der oberen Reihe betrug der Federwinkel 45°, in der darunter 30°

Als Beispiel: ein Gedicht

Lassen Sie Ihre Phantasie spielen! Schreiben Sie ein Gedicht mit Ihrer persönlichen Handschrift. Versuchen Sie die eine oder andere Aufbauvariante. Überhaupt: Schreiben Sie viel; erst beim Schreiben selbst entwickelt man die besten Ideen.
Übrigens: Das Gedicht gegenüber stammt von Johann Wolfgang von Goethe

Gedichte eignen sich besonders gut für Schreibübungen. Einerseits sind sie von vornherein untergliedert, und andererseits spielt der besondere Ausdruck jedes einzelnen Elements eine eigene Rolle, etwa der Sinn der Wörter, der Sprachrhythmus und so weiter.
Genauso sollte es auch bei der schönen Handschrift sein. Sie verfügt über ein großes Repertoire von Ausdrucksmitteln, das hervorragend geeignet ist, sprachliche Inhalte sichtbar zu machen.

Das Ganze sehen – statt Einzelbuchstaben

Sie haben sicher schon bemerkt, daß wir bisher noch keine einzige Buchstabenform besprochen haben. Das hat einen guten Grund: Wir sind davon überzeugt, daß Sie schon mit Ihrer eigenen Handschrift etwas Schönes schreiben können.
Buchstaben bloß mechanisch einzuschleifen, ohne vorher Verständnis und Auge geschult zu haben, führt nicht zu einer schönen Handschrift. Jeder macht Fehler, doch wenn das Verständnis und das Auge fehlen, diese Fehler zu erkennen und zu korrigieren, bleibt die Handschrift immer unbeholfen.
Eine mit Verständnis gepflegte Charakterschrift wird dagegen immer ein insgesamt lebendiges Schriftbild erzeugen – auch wenn einzelne, herausgelöste Buchstabenformen nicht vollkommen sind.

Schauen und benennen

Eine wichtige Frage beim Anschauen einer Handschrift lautet: „Welche Details soll ich mir ansehen?" Es ist ja gerade die Kunst, richtig zu fragen, denn mit einem allgemeinen Urteil („Sehr schön, das Ganze.") dringen wir nicht zu neuen Erkenntnissen vor.
Zunächst einmal versuchen wir, das sogenannte *Augenbild* zu beschreiben, das heißt, den Aufbau der sogenannten *Oberfläche des Schriftblattes* wiederzugeben. Zu unserem Beispiel auf Seite 23 könnte man etwa sagen: Das Blatt enthält ein Gedicht, das in vier Absätze mit zwei, drei, einer und zwei Zeilen aufgeteilt wurde. Die Zeilenanfänge sind in der Abfolge nach rechts versetzt.
Als zweites wollen wir die *Absicht* untersuchen, die dem Aufbau der Oberfläche zugrundeliegt. Soll vielleicht der Absatz- und Zeilenaufbau das Tempo der Betrachtung wiedergeben? Dann würde die Form des ersten Satzes „Über allen Gipfeln Ist Ruh'" die ruhige Betrachtung der abendlichen Landschaft widerspiegeln. Schauen Sie sich das Gedicht einmal in allen Teilen auf seine möglichen Absichten hin an.
Schließlich wollen wir als drittes die eigentliche *Form der Schrift* betrachten. Sie werden bei näherem Hinsehen erkennen, daß es sich um eine recht normale, wenn auch verbesserte Handschrift handelt – um genau das, wozu wir Sie in diesem Buch hinleiten möchten. Die schöne Anmutung des Schriftbildes ist in erster Linie darauf zurückzuführen, daß ein ArtPen mit Breitfeder verwendet wurde.
An verschiedenen Buchstabenformen und -verbindungen läßt sich erkennen, daß diese Handschrift im wesentlichen eine Kursive mit einigen Elementen der Schulschreibschrift ist (zum Beispiel die Schlaufen an den Oberlängen von h und b). Außerdem fällt auf, daß die Umlaute nicht mit Pünktchen geschrieben sind. Hier wurde also in die Gestaltung etwas Eigenes eingebracht, offensichtlich mit Vergnügen an Schriftphantasie.

Über allen Gipfeln
Ist Ruh,
In allen Wipfeln
Spürest du
Kaum einen Hauch;
Die Vögelein schweigen im Walde.
Warte nur, balde
Ruhest du auch.

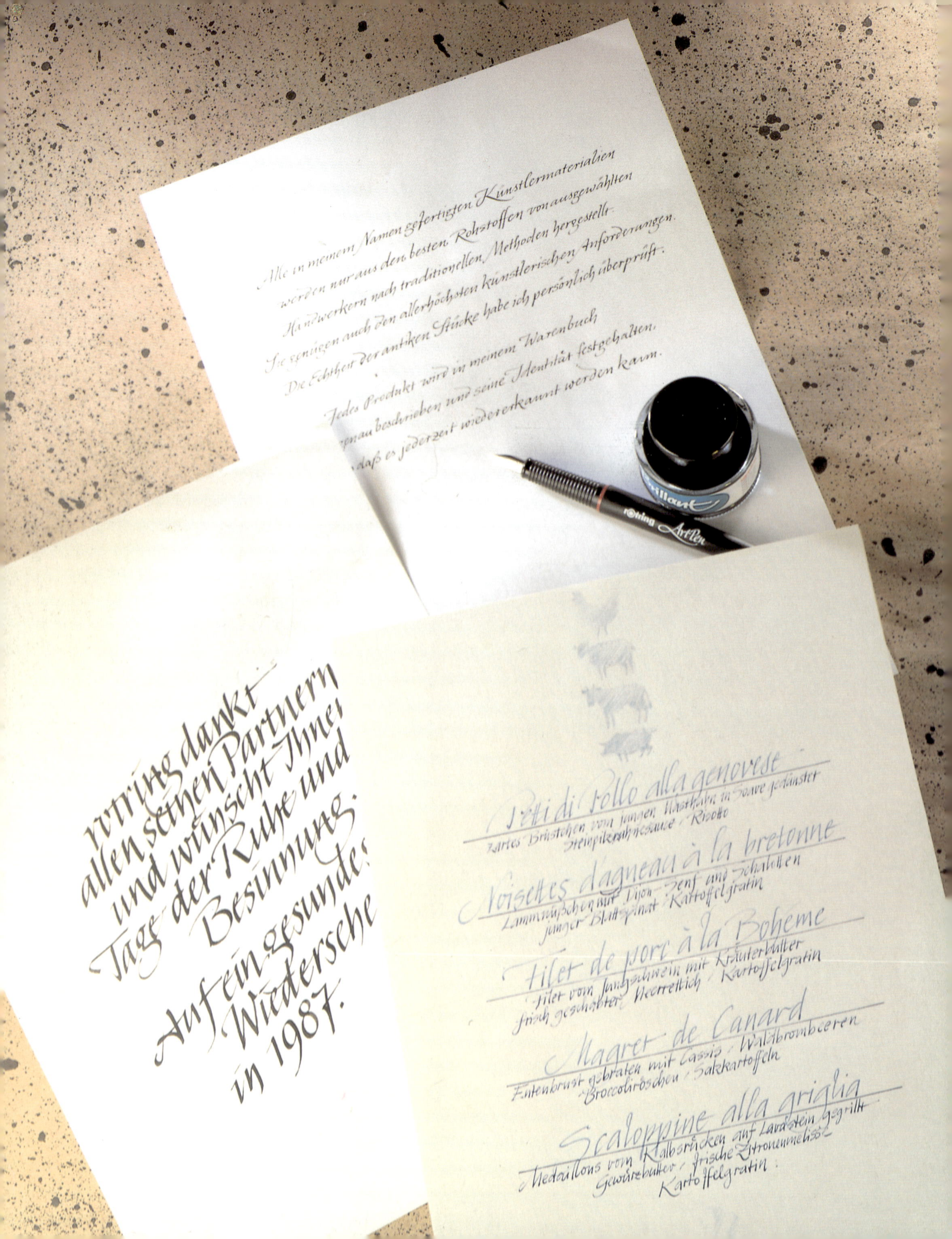
Alle in meinem Namen gefertigten Künstlermaterialien
werden nur aus den besten Rohstoffen von ausgewählten
Handwerkern nach traditionellen Methoden hergestellt.
Sie genügen auch den allerhöchsten künstlerischen Anforderungen.
Die Echtheit der antiken Stücke habe ich persönlich überprüft.
Jedes Produkt wird in meinem Warenbuch
genau beschrieben und seine Identität festgehalten,
so daß es jederzeit wiedererkannt werden kann.
rotring Artpen
rotring dankt
allen seinen Partnern
und wünscht Ihne
Tage der Ruhe und
Besinnung.
Auf ein gesunde
Wiedersehe
in 1987.
Petti di pollo alla genovese
Zartes Brüstchen vom jungen Masthahn in Soave gedünstet
Steinpilzrahmsauce · Risotto
Noisettes d'agneau à la bretonne
Lammnüßchen mit Dijon-Senf und Schalotten
junger Blattspinat · Kartoffelgratin
Filet de porc à la Bohème
Filet vom Jungschwein mit Kräuterblätter
frisch geschabter Meerrettich · Kartoffelgratin
Magret de Canard
Entenbrust gebraten mit Cassis · Waldbrombeeren
Broccoliröschen · Salzkartoffeln
Scaloppine alla griglia
Medaillons vom Kalbsrücken auf Lavastein gegrillt
Gewürzbutter · frische Zitronenmelisse
Kartoffelgratin

Laufende Schriften

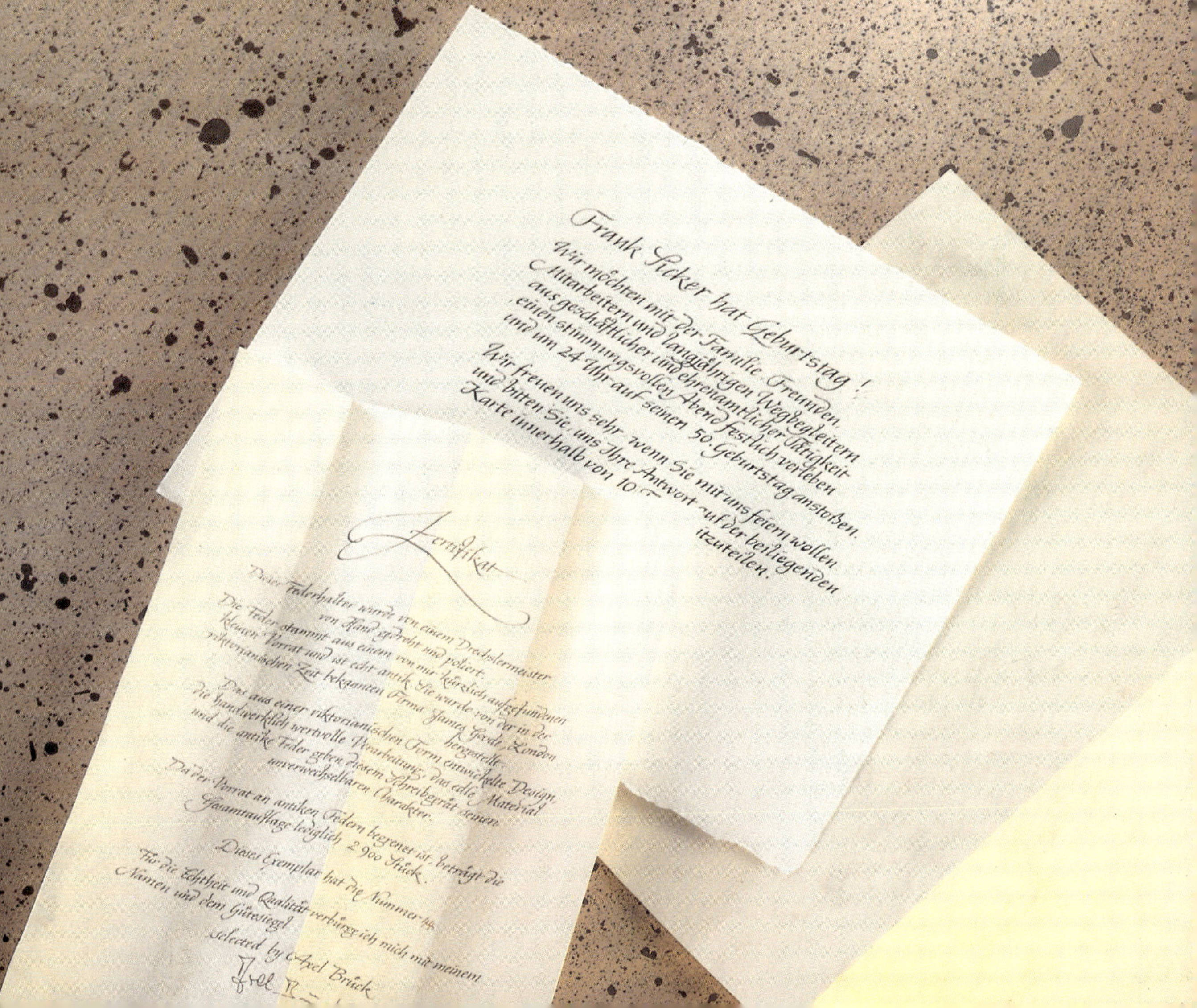

Grundkursive

Im 15. Jahrhundert nahm der Schriftverkehr enorm zu; Kaufleute, Kanzleien und immer mehr gebildete Privatpersonen wollten korrespondieren und brauchten dazu eine Schrift, die gut leserlich und trotzdem flott zu schreiben war – wobei natürlich ein gutes Aussehen gewünscht wurde.
Die Kursivschrift, die der berühmte Schreibmeister Niccolò Niccoli um 1425 erfand, ist denkbar einfach: Die Feder wird immer im gleichen Winkel gehalten, so daß die Hand wenig Arbeit hat. Alle Buchstaben werden aus wenigen einfachen Bewegungen erzeugt. Die Buchstaben können vielfach miteinander verbunden werden, so daß die Feder nicht vom Papier abgehoben werden muß

Handschriften sollen einfach sein, darauf kommt es an. Vielleicht wäre es besser, von einer schlichten Schrift zu sprechen; einfach heißt ja nicht: ohne Anspruch an Schönheit. Für den Anfang jedoch ist aber das Schlichte gerade recht, denn wenige, aber gute Formen lassen sich leicht verstehen und erlernen.
Wir werden daher zunächst eine Grundschrift betrachten, die noch einfacher aufgebaut ist als die gewöhnliche Schulschrift. Der Name für diese Schrift ist *Kursive*. Diese Bezeichnung kommt aus dem Italienischen und besagt in etwa: *laufende Schrift*. Damit ist gemeint, daß die Schrift relativ schnell und zügig geschrieben werden kann, anders als komplizierte kunstvolle Schönschriften.
Auf der gegenüberliegenden Seite sind die Buchstaben des Kursiv-Alphabets in einfacher Form dargestellt. Sie werden auf den ersten Blick bemerken, daß die Buchstaben einerseits an Blockschrift erinnern und andererseits handschriftliche Elemente enthalten. Darin liegt das Geheimnis ihrer Schlichtheit.

Übung

Die Kontur der Buchstaben läßt sich sehr gut mit einem weichen Bleistift (zum Beispiel Stärke B) nachvollziehen. Am besten legen Sie ein durchscheinendes Blatt, etwa Layoutpapier, über das Alphabet auf Seite 27 und schreiben die Buchstaben langsam nach. So gewinnen Sie ein Gefühl für den Aufbau der Buchstaben. Lesen Sie außerdem die nachfolgenden Erläuterungen durch.

Kleinbuchstaben

Alle Kleinbuchstaben lassen sich in einem Zug schreiben, sofern sich die Linien nicht kreuzen – was nur bei f, t und x der Fall ist. Wichtig ist nur zu wissen, wo der Buchstabe beginnt.
Am Beispiel des kleinen a läßt sich das Vorgehen gut darstellen:
1. Sie beginnen rechts oben und schreiben einen Bogen nach links unten. Den ersten Strich – ganz gleich, ob er nach oben oder unten führt – nennt man übrigens *Anstrich*.
2. Dann ziehen Sie den Stift, ohne abzusetzen, in einem gegenläufigen Bogen wieder in die rechte obere Ecke. Jetzt haben Sie eine *augenförmige Figur* geschrieben.
3. Aus der rechten oberen Ecke ziehen Sie nun, wieder ohne abzusetzen, leicht schräg nach unten und biegen den Strich auf der Schreiblinie ziemlich scharf nach rechts um: Fertig ist das a!
Alle Buchstaben, die mit einem runden linken Strich beginnen, werden ähnlich geschrieben, also von der rechten oberen Ecke her:

a-c-d-e-g-o-q-s.

Fast alle Buchstaben mit geradem linken Strich, nämlich

b-h-i-j-k-l-m-n-p-r,

benutzen ebenfalls das Element des augenförmigen Bogens oder zumindest dessen oberen Teil. Es wird aber zuerst der senkrechte Anstrich nach unten gezogen, und dann geht der Strich im Bogen von der unteren linken Ecke zur oberen rechten. Bitte beachten Sie den Unterschied am Beispiel von a und b.

Großbuchstaben

Wie Großbuchstaben in der Grundkursiven zu schreiben sind, können Sie selbst herausfinden. Setzen Sie den Stift möglichst wenig ab. Allerdings ist das nicht immer zu vermeiden – was Sie merken, wenn Sie das Alphabet einmal nachschreiben.

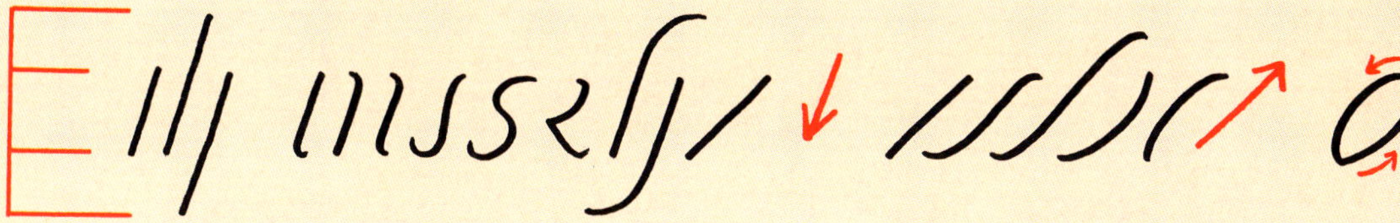

abcdefghijklmnop
qrsstuvwxyzß &

Diese Basis-Kursive kann vielfältig variiert
und mit den unterschiedlichsten Geräten
ausgeführt werden.

ABCDEFGHIJJKLM
NOPQRSTUVWX
YZ 1234567890

Breitfeder-Kursive

Die Kursivschrift wurde ursprünglich mit der Breitfeder geschrieben; daher rührt ihre völlig eigenständige Schönheit. Die Schrift wird, wie schon erwähnt, ganz wesentlich durch die augenförmige Grundform (am deutlichsten beim o) geprägt.

Rhythmische Schriftästhetik

Es entsteht ein sehr lebendiges, rhythmisches Linienbild, ein *Fett-Fein-Kontrast,* weil die Stärke der Breitfederlinien nach einer inneren Logik zu- oder abnimmt. Diese ästhetische Logik wird von uns als eine harmonische Verhältnismäßigkeit und deshalb als schön empfunden.

Mit einem ArtPen können Sie die Schriftästhetik der großen Schreibmeister in Ihrer eigenen Handschrift aufleben lassen. Dabei kommt es überhaupt nicht darauf an, ob Sie die Formen der Buchstaben ideal nachbilden; wichtig ist zunächst nur, daß Sie die Schriftlogik nachzuvollziehen lernen.

Das obere und untere Alphabet auf Seite 29 ist mit einem ArtPen 1.9 geschrieben. Der Federwinkel liegt zwischen 30° und 40° und wird konstant gehalten.

Entwickeln Sie die Freude am schönen Schreiben nach Ihrem eigenen Rhythmus und Geschmack. Das richtige Schreibgerät ist dabei eine Hilfe, die Sie weiterbringt. Mit der Zeit schulen Sie Ihre Fähigkeit, verfeinerte Formen besser zu verstehen; und wenn Sie wissen, was Ihnen gefällt, wird Ihre Hand mit angemessener Übung auch lernen, welche Bewegungen und Abläufe zum gewünschten Schriftbild führen

Leicht geschobener Ansatz

Der kleine ansteigende Ansatz der „Augenform" beim kleinen a und den verwandten Formen (siehe Seite 26) wird dadurch erreicht, daß die Feder mit der ganzen Kante leicht auf das Papier aufgesetzt wird, bis Sie merken, daß der Tintenfluß hergestellt ist. Sie können das durch Beobachtung der Federspitze leicht erkennen.

Wenn die Tinte Kontakt zum Papier hat, lokkern Sie den Druck und schieben die Feder – hier ist das erlaubt – ein wenig nach links. So erhalten Sie einen verhältnismäßig breiten Strich.

Wenn die Feder nun in die nach links unten fallende Kurve übergeht, wird sie mehr und mehr wie eine Kufe gleiten. Kurz über der Grundlinie (darauf stehen die meisten Buchstaben) geht das *Kufengleiten* in einen breiter werdenden Zug (*Scheibenwischer*) nach rechts über. Wenn Sie jetzt die Bewegung nach rechts oben machen, kommt die Feder wieder in die Situation, wie eine Kufe zu gleiten.

Der sogenannte *Breitfederduktus* mit Fett-Fein-Kontrast entsteht durch den fließenden Übergang von *Schub, Zug* und *Kufengleiten.* Sie sollten die Grundfigur a immer wieder üben und sich daran gewöhnen, die Feder stets im gleichen Winkel zu halten.

Wenn Sie die Federhaltung verinnerlicht haben, können Sie die Buchstaben mit dem geraden Anstrich wie beim b üben. In kurzer Zeit werden Sie so lernen, die Leistung Ihres ArtPens voll für die Verschönerung Ihres Schriftbildes auszunutzen.

Übung

Am besten fangen Sie wieder mit dem Durchschreiben der Vorlagealphabete auf Layoutpapier an, diesmal mit dem ArtPen Italics 0.9 statt mit dem Bleistift. Sie können sich auch Fotokopien machen und die Buchstaben einfach überschreiben.

Ein sehr wichtiger Tip: Schreiben Sie nach diesem ersten Kennenlernen immer gleich Wörter und kleine Texte. Gerade die kursive Handschrift gewinnt ihre Schönheit erst aus dem Wort- oder Textbild. Und selbst wenn isolierte Buchstaben unvollkommen aussehen, kann dennoch ein ganzes Wort oder eine ganze Zeile einen eigenständigen Charme ausstrahlen, der im Charakter des oder der Schreibenden seinen Ursprung hat.

Auf den folgenden Seiten finden Sie weitere Kursivbeispiele, Erklärungen und Übungen.

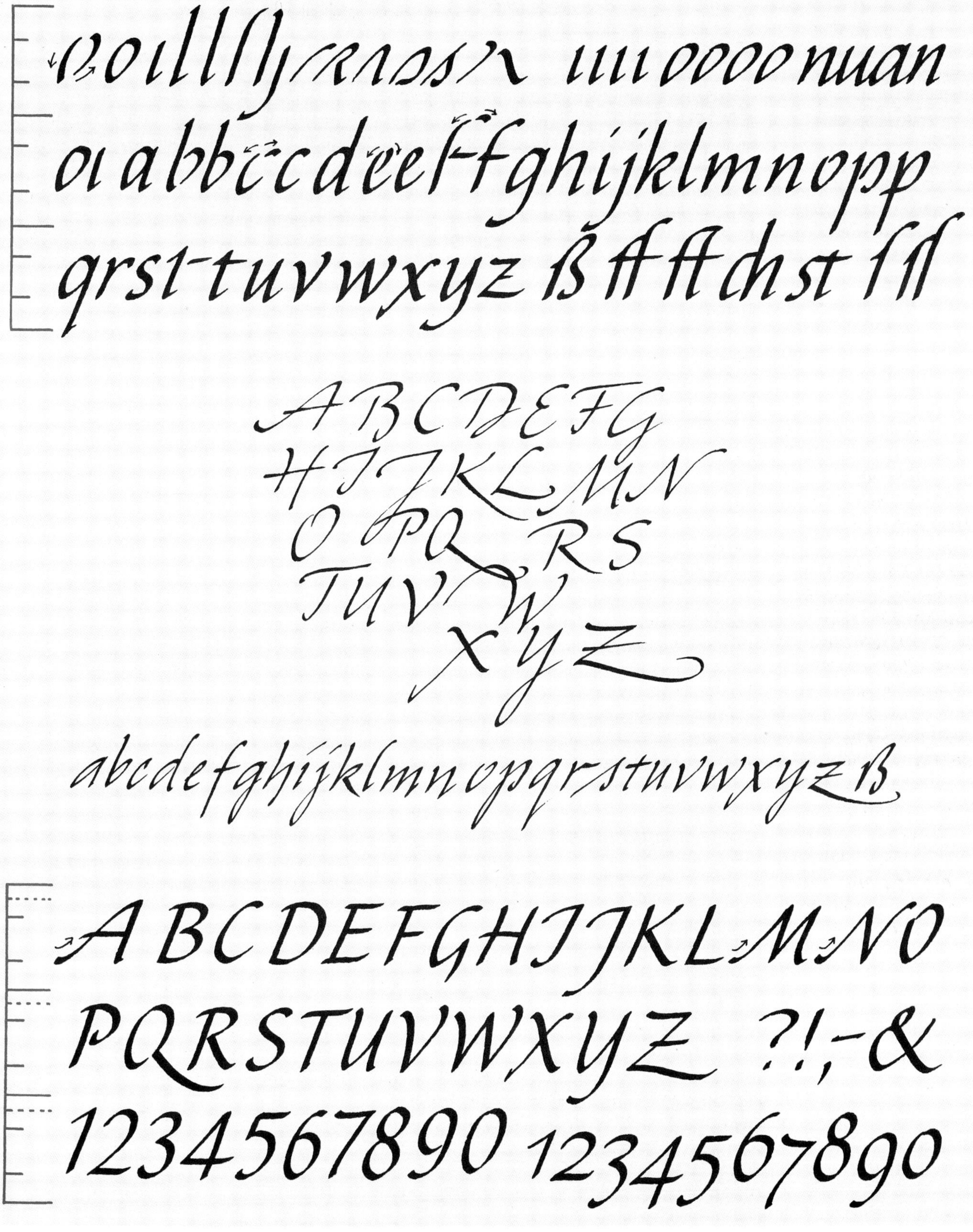

abbccddeeffghijklmnopp
qrstuvwxyz ß ff ft ch st ſſ
ABCDEFG
HIJKLMN
OPQRS
TUVW
XYZ
abcdefghijklmnopqrstuvwxyzß
ABCDEFGHIJKLMNO
PQRSTUVWXYZ ?!,-&
1234567890 1234567890

Mit dem ArtPen Italics 0.9 erhält Ihre Italic-Kursive den unvergleichlich schönen Breitfeder-Duktus

Übung

Lernen Sie zunächst die Grundbewegungen bei konstantem Federwinkel (siehe Seite 31). Am einfachsten ist das *Sägezahnmuster:* Immer wenn Sie die Schreibrichtung ändern, entsteht ein relativ spitzer Winkel.
Beim *n-Muster* behalten Sie den spitzen Winkel für den Richtungswechsel an der unteren Linie bei; an der oberen Linie dagegen beschreibt die Feder eine sanfte Kurve. Bitte achten Sie darauf, daß Sie den vorgegebenen Federwinkel dabei nicht verändern. Das passiert nur allzu leicht, weil die Anmutung der Kurve nahelegt, daß sich quasi auch die Feder in die Kurve legt.
Die dritte Grundbewegung ist das *u-Muster,* bei dem der abgerundete Richtungswechsel über der Grundlinie stattfindet. Es ist leicht zu erkennen, daß das u-Muster eine Umkehrung des n-Musters darstellt. Diese innere Verwandtschaft der Gestaltungsmittel ist ein wichtiger Bestandteil der Schriftästhetik.
Alle Buchstaben der Italic-Kursive, die gerade Bestandteile haben, beginnen oder schließen mit einem Element des Sägezahnmusters, des n-Musters oder des u-Musters. Dadurch wird erreicht, daß fast alle Buchstaben miteinander verbunden dargestellt werden können: Die Schrift gleicht so einem fortlaufendem Band und wirkt einheitlich.
Die runden Buchstaben der Italic-Kursive werden im wesentlichen so ausgeführt, wie auf Seite 28 dargestellt. Bitte üben Sie zunächst die *Augenform* mit zwei Strichen, damit Sie sich die zu erzielende Form gut einprägen.
Wenn Sie die Form verinnerlicht haben, können Sie die Augenform auch in einem Zug schreiben; Ihre ArtPen-Feder läßt sich recht gut schieben, vorausgesetzt, Sie drücken nicht fest auf.
Die Buchstaben mit sich überkreuzenden Elementen, also f, t und x, sind in der Italic-Kursive kinderleicht. Bitte beachten Sie aber, daß das t, entgegen einer weit verbreiteten Gewohnheit, mit einer sehr kurzen Oberlänge geschrieben wird. Dies entspricht dem Vorbild der historischen Schriften und verleiht dem gesamten Schriftbild mehr Ausgewogenheit, denn ein t mit einer hohen Oberlänge würde fast wie ein schmales + (Pluszeichen) aussehen und wäre ein Fremdkörper im Alphabet.

Buchstabenverbindungen

Ein weiterer wichtiger Punkt für ein schönes, ausgeglichenes Schriftbild sind die Buchstabenverbindungen. Hier unterscheiden wir zwischen *standardisierten Verbindungen* und *freien Verbindungen.*
Standardisierte Verbindungen (Fachwort: *Ligaturen*) kommen besonders häufig vor, im Deutschen zum Beispiel bei tt, ft, st, zt (siehe Seite 31). Aus einer solchen Standardverbindung, nämlich s + s ist mit dem ß sogar ein eigener Buchstabe geworden, den es nur im Deutschen gibt. (In der Renaissance-Kursivschrift wurde ein doppeltes s immer wie ein ß geschrieben, aber die anderen Nationen haben diese Schreibweise ab dem 18. Jahrhundert aufgehoben.)
Die Bedeutung der Standardverbindungen hat einen rhythmischen und einen grafischen Aspekt: Die Trennung etwa zwischen zwei t-Balken unterbricht den Schreibrhythmus und reißt gewissermaßen ein grafisches Loch in das Schriftband, das ein gleichmäßiges Hell-Dunkel-Muster abgeben soll.
Schauen Sie sich deshalb bitte die Muster für Standardverbindungen auf Seite 31 an, und üben Sie sie ein, als wären es eigenständige Buchstaben. Ihr Schriftbild wird es Ihnen später danken.
Die freien Verbindungen entstehen beim Schreiben dadurch, daß die Feder zwischen den einzelnen Buchstaben nicht mehr abgesetzt wird. Die kursiven Handschriften haben hierin ihren Ursprung. Eigentlich war die Kursive zunächst eine Schrift, die die Buchstaben voneinander gelöst darstellte. Mit der Zeit aber haben sich einige Formen der Buchstabenverbindung eingebürgert, die auch vor den strengen Augen der Schriftästheten Gnade fanden.
Auf Seite 33 finden Sie einige Beispiele. Bitte unterscheiden Sie nach einer *unteren* und einer *oberen Bindung.*

alm dip hum echt da
alm dip hum echt da

Schließt man die Buchstaben so oft wie möglich mit einem längeren Endstrich ab, ergeben sich Buchstabenverbindungen

ware offen sommer es es es
weggehen puppe ball passe

Einige Buchstaben stoßen oben an den folgenden an. Manche aber lassen gar kein Anfügen zu

A B C D E F G H I J K L M N
O P Q R S T U V W X Y Z

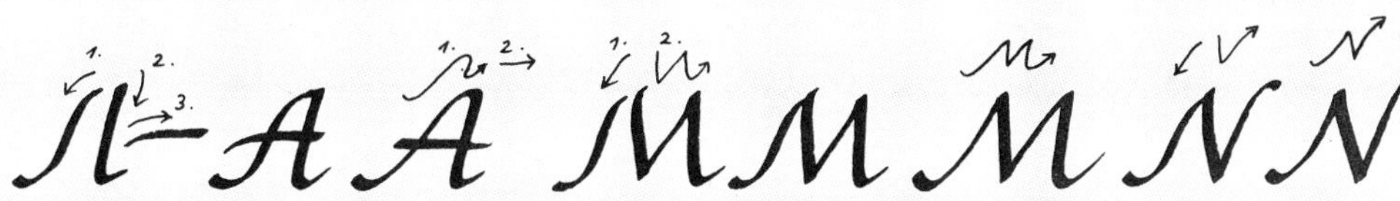

Schrift Bild Mittag Abend

Die kursive Grundschrift ist keine echt gebundene Schrift, die in einem Zug geschrieben wird. Ihre Buchstaben stoßen nur häufig aneinander.

Die Höhe der Großbuchstaben (Majuskeln) ist deutlich niedriger als die Oberlänge von Kleinbuchstaben

Cancellaresca

Wenn Sie die Italic-Kursive als Grundschrift eingeübt haben, besitzen Sie ein ausgezeichnetes Mittel, um Ihre Schrift nach Ihren eigenen Neigungen weiter auszuformen.
Damit wandeln Sie in den Spuren der Schriftgeschichte. Das 15. Jahrhundert hatte die Kursive hervorgebracht, das 16. Jahrhundert variierte diese Schrift und verfeinerte sie für die verschiedensten Zwecke.

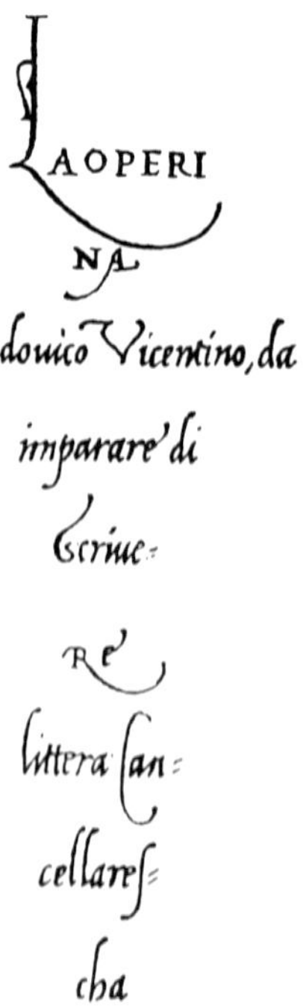

Der berühmte Schreiber der päpstlichen Kanzlei Ludovico, Vicentino Arrighi, veröffentlichte 1522 in Rom das erste Schreibübungsbuch „La Operina"

Höfische Kanzleischrift

Besonders intensiv gepflegt wurde die verfeinerte Form der Kursive in den Kanzleien des Papstes und der Fürsten. Die führenden Kanzleischreiber waren hochangesehene Persönlichkeiten und wurden mit ihren Schriften zu Vorbildern für die wachsende Schicht gebildeter Bürger.
Die Kanzleischrift (italienisch: *Cancellaresca*) wurde in vielen Schulen gelehrt. Die berühmten Schreibmeister Arrighi, Tagliente und Palatino veröffentlichten Schreibbücher, in denen die Cancellaresca und zahllose Kursiv-Varianten dargestellt wurden. Dem Zeitgeschmack entsprechend war die schmuckvolle Cancellaresca besonders beliebt.

Geknickte Ober- und Unterlängen

Besonders auffällig an der Cancellaresca ist die Behandlung der Ober- und Unterlängen. Bei der Italic-Kursive sind wir von einem Verhältnis Unterlänge zu Mittellänge zu Oberlänge von 3 : 4 : 3 ausgegangen. Die ziervollen Schriften des 16. Jahrhunderts machten die Ober- und Unterlänge *größer* als die Mittellänge.
Sie können es selbst einmal ausprobieren, was passiert, wenn Sie Ihre erprobte Italic-Kursive mit größeren Ober- und Unterlängen schreiben. Die Schrift wird merkwürdig; die superlangen Schäfte von b, d, f, p und so weiter stechen geradezu aus dem Schriftband heraus.
Diesem wenig erfreulichen Erscheinungsbild können Sie begegnen, wenn Sie ein Verfahren anwenden, das auch die Schreibmeister des frühen 16. Jahrhunderts entwickelt haben: Schaffen Sie durch die Form der Ober- und Unterlängen selbst eine *horizontale Ordnung*, die der Schrift Halt gibt.
Die Idee ist eigentlich ganz einfach: Die Enden der Ober- und Unterlängen werden gewissermaßen umgeknickt, und ihr abschließender Strich verläuft parallel zur (im Normalfall unsichtbaren) oberen beziehungsweise unteren Schreiblinie.
Auf diese Art und Weise erhalten wir oben und unten einen grafischen Halt in der Horizontalen, der gestattet, großzügige Längen in die Schrift einzubauen.

Hilfslinien

Natürlich ist es nicht das Ziel, immer sklavisch präzise auf vorgezeichnete Linien zu schreiben. Uns geht es hier nur darum, Zusammenhänge der grafischen Wirkung verständlich zu machen.
Sie werden also am besten daran tun, sich ein Hilfslinienblatt anzulegen, indem Sie das auf Seite 35 rechts oben abgedruckte Liniengerüst übernehmen. Der Abstand zwischen den Zeilen sollte in diesem Fall etwa 5 mm betragen. Wenn Sie die Möglichkeit haben, Ihre Linienblattvorlage zu fotokopieren, können Sie sich das Üben deutlich erleichtern.

Cancellaresca

Hier betrug die Federstärke 2,3 mm

abcdefghijklmnopqrsſtuvwxyz

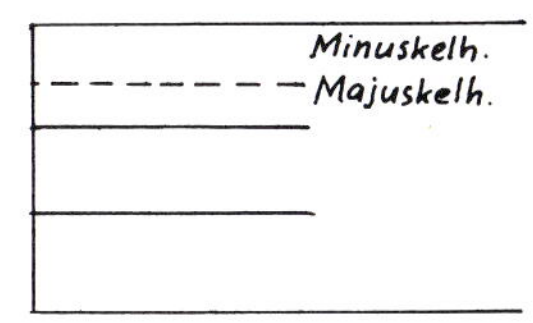

rcia ec dd gg qq ll bb hh kk

ii ijjj uu vnmnr vvwyy

vo eee tt pp ſſf ss xxzz

ff ſſ ſt ft ß

Die anderen Buchstaben dieser Seite wurden mit einer 1,5 mm breiten Feder geschrieben; der Federwinkel betrug 45°

ABCDEFGHIJKLLMNO

PQRSTUVWXYZ

1234567890

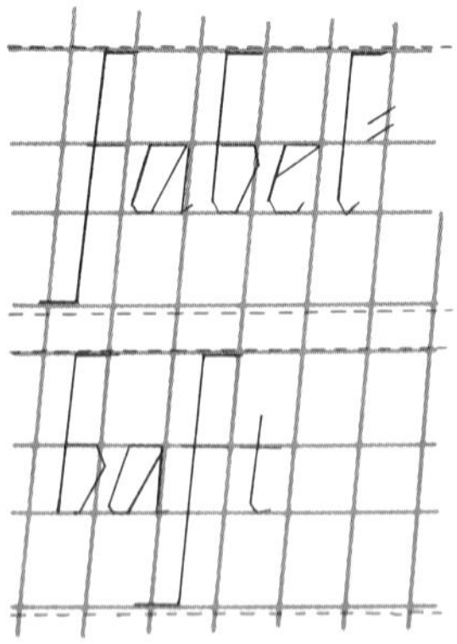

Zum ersten Kennenlernen der Cancellaresca schreiben Sie zunächst mit Bleistift einige schematische Buchstaben, um sich an die umgeknickten Ober- und Unterlängen zu gewöhnen

Die klassische Cancellaresca-Schrift beruht auf einer tänzerischen Pendelbewegung, die ein rhythmisches Schreibgefühl vermittelt

Übung

Beginnen Sie mit einem Bleistift, und versuchen Sie, die Buchstaben mit Ober- und Unterlängen zunächst *schematisch* darzustellen. Also etwa so, wie einige in der Randspalte abgebildet sind.
Als nächstes versuchen Sie bitte, einen kleinen Text mit dem Bleistift in dieser schematischen Schrift auf einem (kopierten) Linienblatt niederzuschreiben. Verwenden Sie dazu Ihre erprobte Italic-Kursive, und ändern Sie nur die Abschlüsse der Ober- und Unterlängen, die Sie, wie besprochen, in die Horizontale umknicken. Textbeispiele finden Sie auf den Seiten 37 und 39.
Wenn Sie genug Gefühl für die schematischen Regeln der Ober- und Unterlängen gewonnen haben, können Sie mit dem ArtPen weiterschreiben. Nehmen Sie am besten Ihren *ArtPen Italics 0.9*; Sie können aber auch eine etwas breitere Feder verwenden.
Jetzt geht es darum, der Schrift Leben einzuhauchen. Alles Schematische bleibt steril und technisch; es hilft uns aber, Prinzipien des Schriftaufbaus zu verstehen, um die herum sich die lebendigen Schriftformen entwickeln. Mit Ihrem ArtPen und Ihrem eigenen Schriftgefühl werden Sie sich vom schematischen Schreiben zum individuellen Schriftausdruck bewegen.

Ziehen oder schieben?

Die Cancellaresca – eine ziervollere Kursive – schreibt sich zunächst etwas langsamer als die Italic-Kursive. Das liegt zunächst daran, daß Sie mehr Linien auf das Papier setzen müssen. Ein wichtiger technischer Gesichtspunkt ist aber auch, wie die nach rechts und links umgeknickten Ober- und Unterlängen ausgeführt werden. Mit dem Bleistift ist dies kein Problem: Sie können die Schreibspitze auf dem Papier in jede beliebige Richtung bewegen. Mit der Breitfeder dagegen sollten Sie eigentlich nur *ziehen* (deshalb wird sie oft auch als *Bandzugfeder* bezeichnet).
Die alten Schreibmeister standen vor genau dieser Problematik, als sie die Cancellaresca-Kursive entwickelten. Ihr Schreibwerkzeug war eine vorn flach abgekantete Gänsekielfeder, die sich dagegen sperrte, geschoben zu werden. Sie neigte in diesem Fall dazu, sich im Papier zu verhaken.
Erschwert wurde das Schreiben zusätzlich dadurch, daß das damalige Papier rauh war – glatt gewalztes Papier wurde erst ab dem 18. Jahrhundert serienmäßig hergestellt.
Was also tun? Die Cancellaresca-Schreibmeister überlisteten sozusagen den Reibungswiderstand zwischen Federspitze und Papier, indem sie den waagerechten Strich zunächst einmal als Zug ansetzten und dann sofort auf dem Tintenteppich zurückschoben; sie legten quasi einen Schmierfilm unter die Feder, der die Reibung zwischen Federspitze und Papier stark verminderte. Das nennt man *Doppelzug*.
Zugleich erzielten sie damit einen starken optischen Effekt: Die waagerechten Striche wurden dadurch stärker ausgeprägt, und die feinen senkrechten Striche wirkten noch leichter. Den Unterschied zwischen einer breiten und einer schmalen Linie nennt man übrigens – Sie kennen ihn bereits – *Fett-Fein-Kontrast*; er ist ein bedeutendes Gestaltungsmittel für alle Schriftenentwerfer.

Forme aus dem ersten dicken und flachen Strich
diesen Kœrper o -co,
aus dem du dann fuenf Buchstaben ziehst:
adcgq

Als Handschrift muß die Cancellaresca
natürlich verbunden geschrieben werden.
Trotzdem bleibt sie eine „langsame"
Schrift.

Wird man schneller,
entsteht eine normale humanistische
Kursive, deren Oberlängen und
Hauptgrundformen an der rechten
Außenseite begonnen werden müssen
„ ol → lc ", sie wirkt dadurch
insgesamt glatter.

Diese kann man durch weitere
Vereinfachung noch „geschwinder"
machen.

Wird die Schreibachse zusätzlich
gesenkt, sieht das Ergebnis
schon sehr nach einer ordentlichen
Handschrift von 1994 aus.

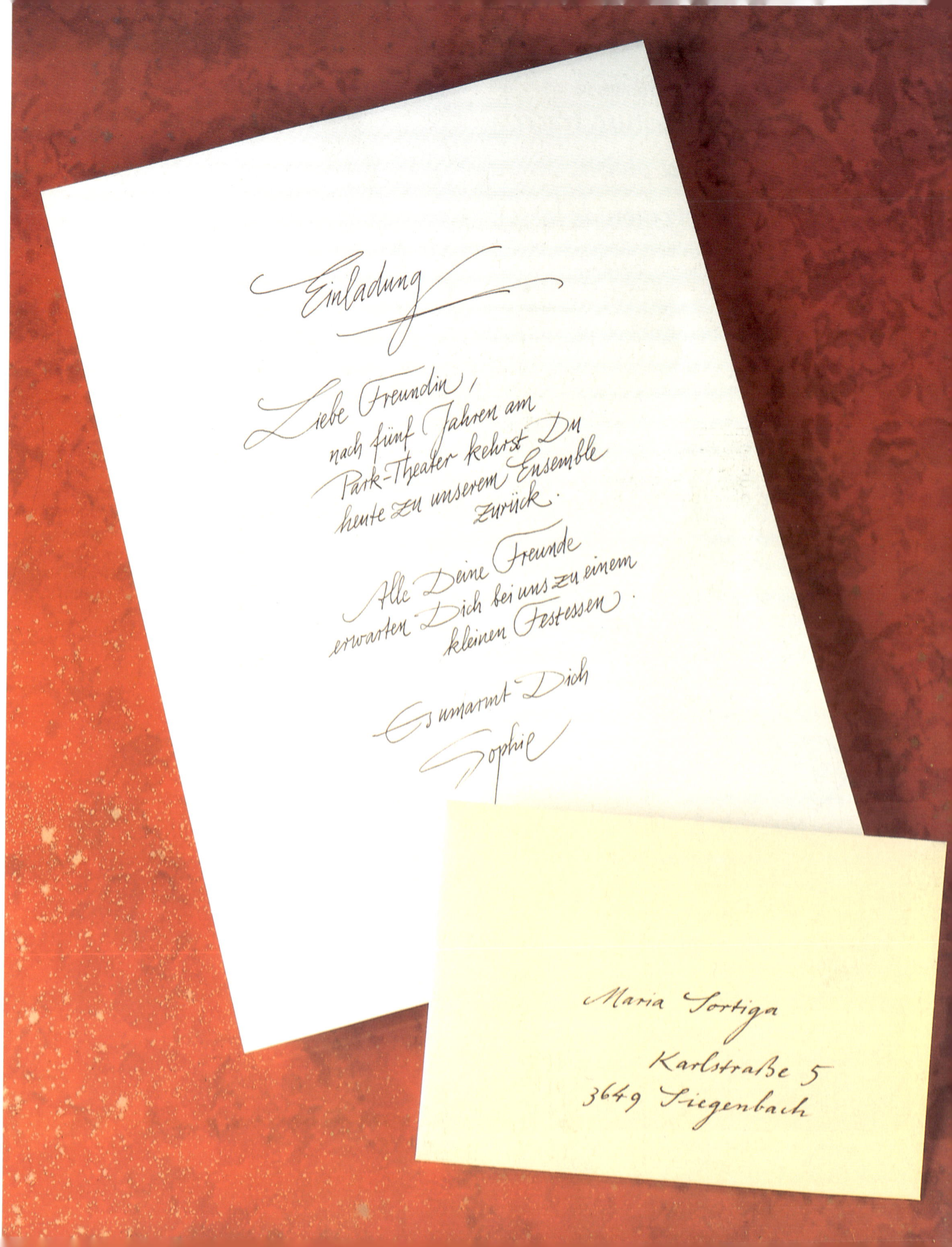
Einladung
Liebe Freundin,
nach fünf Jahren am
Park-Theater kehrst Du
heute zu unserem Ensemble
zurück.
Alle Deine Freunde
erwarten Dich bei uns zu einem
kleinen Festessen.
Es umarmt Dich
Sophie
Maria Sortiga
Karlstraße 5
3649 Siegenbach

Schlaufenschriften

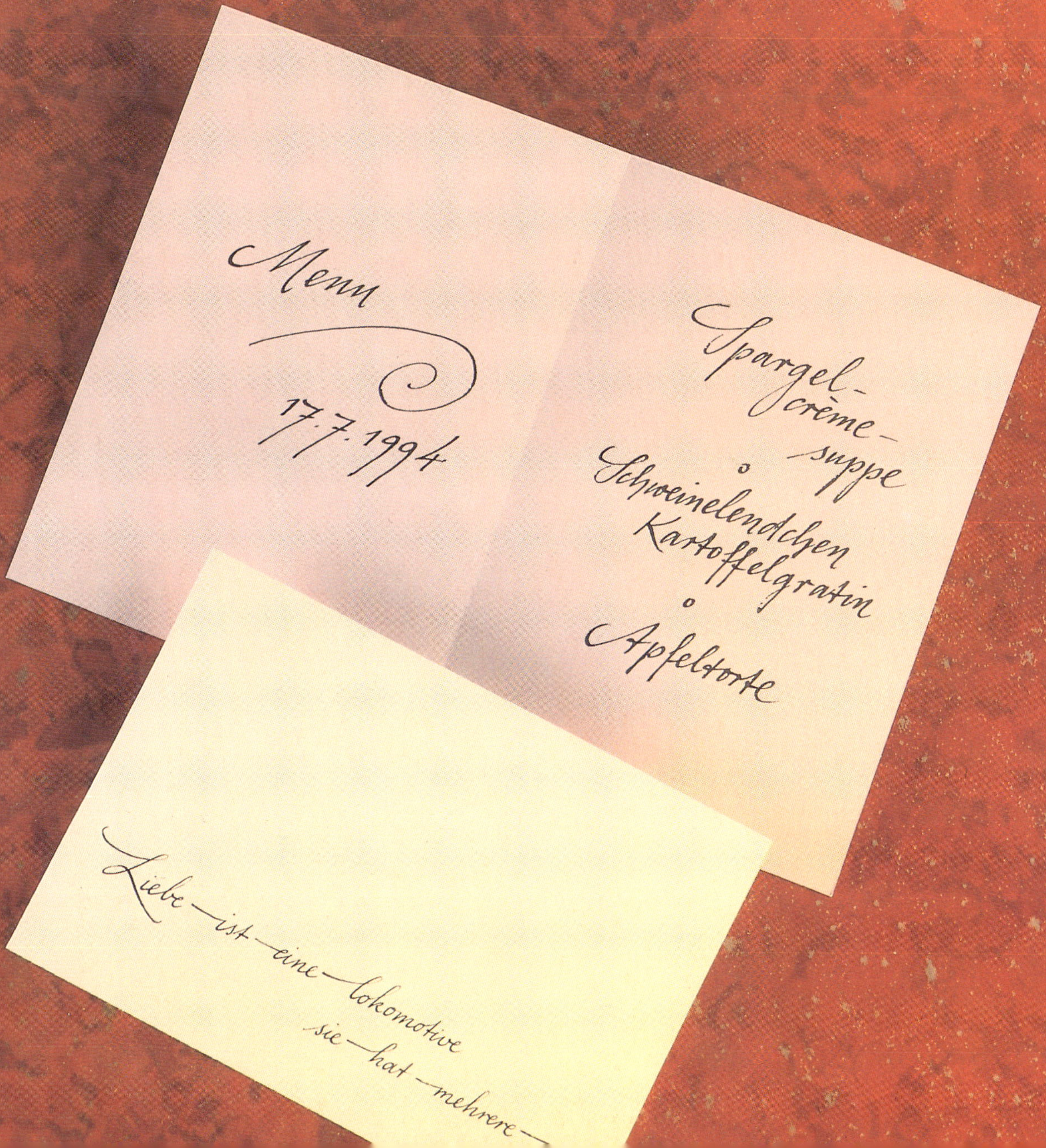

Lateinische Schriften

Sämtliche lateinische Handschriften, wie wir sie heute in der Schule lernen, sind im Prinzip Töchter der Kursive. Natürlich hat es im Laufe der Jahrhunderte viele Abwandlungen gegeben, und auf den ersten Blick ist es nicht leicht, eine heutige Standardschrift auf die Formen einer Kursive zurückzuführen, die vor rund 500 Jahren entwickelt wurde. Sie können jedoch die Verwandtschaft mit etwas Übung erkennen, insbesondere, wenn Sie die gebundenen Handschriften mit den sogenannten „aufgebauten", künstlerischen Schriften vergleichen, mit denen wir Sie am Ende dieses Buches bekannt machen möchten. Zuvor jedoch widmen wir uns den *Schlaufenschriften*.

Üblicherweise lernt man Schlaufenschriften mit einer gerundeten Feder schreiben, deshalb fehlt ihnen der Fett-Fein-Kontrast, der Breitfederschriften so attraktiv macht

Kleine Übersicht

Auf Seite 43 sind vier Alphabete dargestellt, die im wesentlichen die heute zu empfehlenden Grundhandschriften darstellen. Die beiden oberen Alphabete sind *Schulschriften*, wie sie in Deutschland gelehrt wurden oder werden. Ihr hervorstechendstes Merkmal ist die Verwendung von *Schlaufen in den Ober- und Unterlängen*.

Das dritte Alphabet ist eine Überarbeitung der beiden oberen, was die Formen angeht, und zudem mit dem ArtPen Italics 0.6 geschrieben. Sie können ohne große Mühe erkennen, wie sehr eine ganz alltägliche Schulschrift durch die Verwendung eines geeigneten Breitfeder-Füllfederhalters gewinnt.

Zum Vergleich haben wir auf dem Übersichtsblatt noch die humanistische Kursive angefügt (Italic-Kursive). Diese Schrift hat natürlich einen stärker ästhetischen Charakter.

Welche Schrift liegt Ihnen?

Die Entscheidung für die eine oder andere Grundform ist eine vollkommen persönliche Angelegenheit. Dem einen gefällt die Klarheit der Kursive, der andere findet die bewegte Lebendigkeit der Schlaufenschrift schön.

Es gibt keine endgültige Bewertung, welches die *richtige* Form der Handschrift ist. Für Menschen, die gern schreiben, stellt sich die Frage wohl anders: Warum soll ich mich auf eine einzige Handschrift beschränken? Kann nicht auch Schrift Ausdruck des Gefühls sein, und können nicht verschiedene Situationen zu unterschiedlichen Schriftbildern führen?

Um Ihnen weitere Spielräume zu eröffnen, möchten wir im folgenden zusätzlich zur Kursive auch näher die Schlaufenschrift betrachten. Dabei wollen wir über die einfache Schulschrift hinausgehen, um zu einer wirklich ansehnlichen Schrift zu gelangen. Die Schlaufenschrift ist, das muß von vornherein gesagt werden, *schwieriger* zu beherrschen als die Italic-Kursive, wenn sie eine wirklich schöne Schrift sein soll. Aus diesem Grund haben wir sie auch erst an die zweite Stelle dieses Buches gestellt. Es ist unbedingt zu empfehlen, zunächst die Kapitel über die Kursive durchzuarbeiten, bevor Sie sich intensiv mit der Schlaufenschrift befassen.

Schlaufen

Die Schlaufen dienen vor allem dazu, vollkommen gebundenes Schreiben zu ermöglichen. Zwar läßt sich schon die Italic-Kursive recht gebunden schreiben. Da sie aber für die Breitfeder entwickelt wurde, enthält sie keine rückläufigen Bewegungen, bei denen die Feder geschoben werden muß. Die Schriftformen mit Schlaufen lassen sich daher besser mit einer *gerundeten Metallfeder* schreiben. Durch die Entwicklung der ArtPen-Federn können Sie jetzt aber auch *Schlaufen mit einer Breitfeder* schreiben. Dabei sollten Sie allerdings eine schmalere Feder verwenden als für die Italic-Kursive oder die Cancellaresca.

Ein *ArtPen Italics 0.6* ist für Schlaufenschriften das richtige Schreibwerkzeug. Sie erhalten einen schönen und lebendigen Breitfederduktus und können trotzdem mit der Feder mühelos in alle Richtungen schreiben, also sowohl ziehen als auch gleiten und sogar schieben (möglichst ohne Druck).

Lateinische Ausgangsschrift

a b c d e f g h i j k l m n o p qu r s t
u v w x y z ß ä ö ü 1 2 3 4 5 6 7 8 9 0
A B C D E F G H I J K L M N O P Qu
R S T U V W X Y Z

a b c d e f g h i j k l m n o p qu r s t u v
w x y z ß 1 2 3 4 5 6 7 8 9 0
A B C D E F G H I J K L M N O P Q R S
T U V W X Y Z reformierte Lateinische

a b c d e f g h i j k l m n o p qu r s t u
v w x y z ß t 1 2 3 4 5 6 7 8 9 0
A B C D E E F G H I J K L L M N O P Q R S
T U V W X Y Z überarbeitete Lateinische

a b c d e f g h i j k l m n o p q r s s t u v w x y z ß
123/ 1234567890 1234567890
A B C D E F G H I J K L M N O P Q R S T U V
W X Y Z Humanistische Kursive

Bei den oberen drei Beispielen wurde ein ArtPen mit einer Federstärke von 0,6 mm verwendet, beim unteren eine Stärke von 1,1 mm

Englische Copperplate

Die englische Schreibschrift ist zunächst recht schwer zu beherrschen. Für alltägliches Schreiben ist daher die Kursive oder die Schul-Schlaufenschrift vorzuziehen – oder aber eine vereinfachte englische Schreibschrift, wie sie auf den folgenden Seiten vorgestellt wird. Dagegen ist sie unvergleichlich schön für Einladungen, Tisch- und Speisekarten und dergleichen mehr, also für festliche, kurze Schreiben

Gebundene und gut lesbare Handschriften mit Schlaufen in den Ober- und Unterlängen werden zumeist als „englische Schreibschriften" oder „Anglaise" bezeichnet. Eine andere geläufige Benennung ist „Copperplate" – wörtlich: *Kupferplatte*. Diese beiden Bezeichnungen sagen uns etwas über den Ursprungsort und die Entstehung dieser Schrift.
Die englische Schreibschrift ist paradoxerweise nicht durch die Schreibpraxis, sondern durch die Entwicklung der Drucktechnik im 18. Jahrhundert in Mode gekommen.
Der Buchdruck mit beweglichen Lettern, den Gutenberg etwa 1440 erfunden hatte, konnte gebundene Handschriften nicht darstellen, weil ja jeder einzelne Buchstabe eine in sich geschlossene Einheit bildete, ähnlich wie bei den Typen auf einer Schreibmaschine. Dafür war diese Art von Buchdruck aber ein verhältnismäßig preiswertes Vervielfältigungsverfahren und machte Geschriebenes vielen Bürgern zugänglich.

Luxusschrift der Fürstenhöfe

Die Fürsten, der Adel und die Reichen aber liebten barocken Prunk und ließen ihn sich etwas kosten. Fürstliche Schreiber wie Johann Neudörffer und Wolfgang Fugger schrieben Urkunden in gebundener Handschrift mit unendlich komplizierten, verschlungenen Federornamenten. Jedes dieser Schriftstücke war ein formatfüllendes Kunstwerk für sich.
Etwa zur gleichen Zeit, im 17. und 18. Jahrhundert, wurde das Verfahren des Kupfertiefdrucks vervollkommnet. Man konnte jetzt haarfeine Linien, etwa Zeichnungen, in eine Kupferplatte gravieren und davon eine große Anzahl von Drucken in hoher Qualität abziehen. Was lag da näher, als auch Schrift in Kupferplatten auszuführen und abzudrucken?

Kupferplattendruck

In England wurde der Schriftdruck von Kupferplatten besonders gepflegt. Recht bald erkannten die Drucker, daß sich auf diese Art Feinheiten der Schrift darstellen ließen, die mit der Feder nur sehr schwer zu schreiben waren, auch würden die Gänsekiele sehr schnell verschleißen, da sie äußerst spitz zugeschnitten werden müßten.
Da nun die gebundene Schrift mit Schlaufen als vornehm galt, weil sie teuer war und im üblichen Buchdruck mit Bleilettern nicht möglich, entwickelten die Kupferplattendrucker ihre eigene Schrift, die *Copperplate*. Diese Schrift hatte neben *Schlaufen* auch *auf- und abschwellende Striche*, die mit der Feder nur durch Druckveränderung nachzuvollziehen waren. Man spricht daher hinsichtlich der Schreibtechnik auch von *Schwellschrift*.
Die englische Schreibschrift wurde zur Handschrift des aufstrebenden Bürgertums; sie verkörperte seine geistige Einstellung in perfekter Weise. Zum einen war sie als gebundene Schrift ökonomisch, weil (in vereinfachter Form) recht zügig zu schreiben; zum anderen wirkte sie vornehm und kam so dem bürgerlichen Streben nach Geltung sehr entgegen.

Historisches Meisterstück

Auf Seite 45 finden Sie ein typisches Übungsblatt des Schreibmeisters George Bickham aus dem Jahre 1739. Die Kleinbuchstaben werden durchgängig in zwei Formen dargestellt: mit geraden Oberlängen und mit Schlaufen. Für viele Buchstaben gibt es mehrere Variationen.
Wenn Sie Freude an dieser sehr reichen Schrift haben, sollten Sie sich intensiv das Musterblatt betrachten und versuchen, den Aufbau jeder einzelnen Form erst einmal zu verstehen und in der Erinnerung zu bewahren. Auf den folgenden Seiten werden wir versuchen, Sie mit einer vereinfachten Schreibweise von der schulmäßigen Schlaufenschrift zur verfeinerten englischen Schreibschrift zu begleiten.

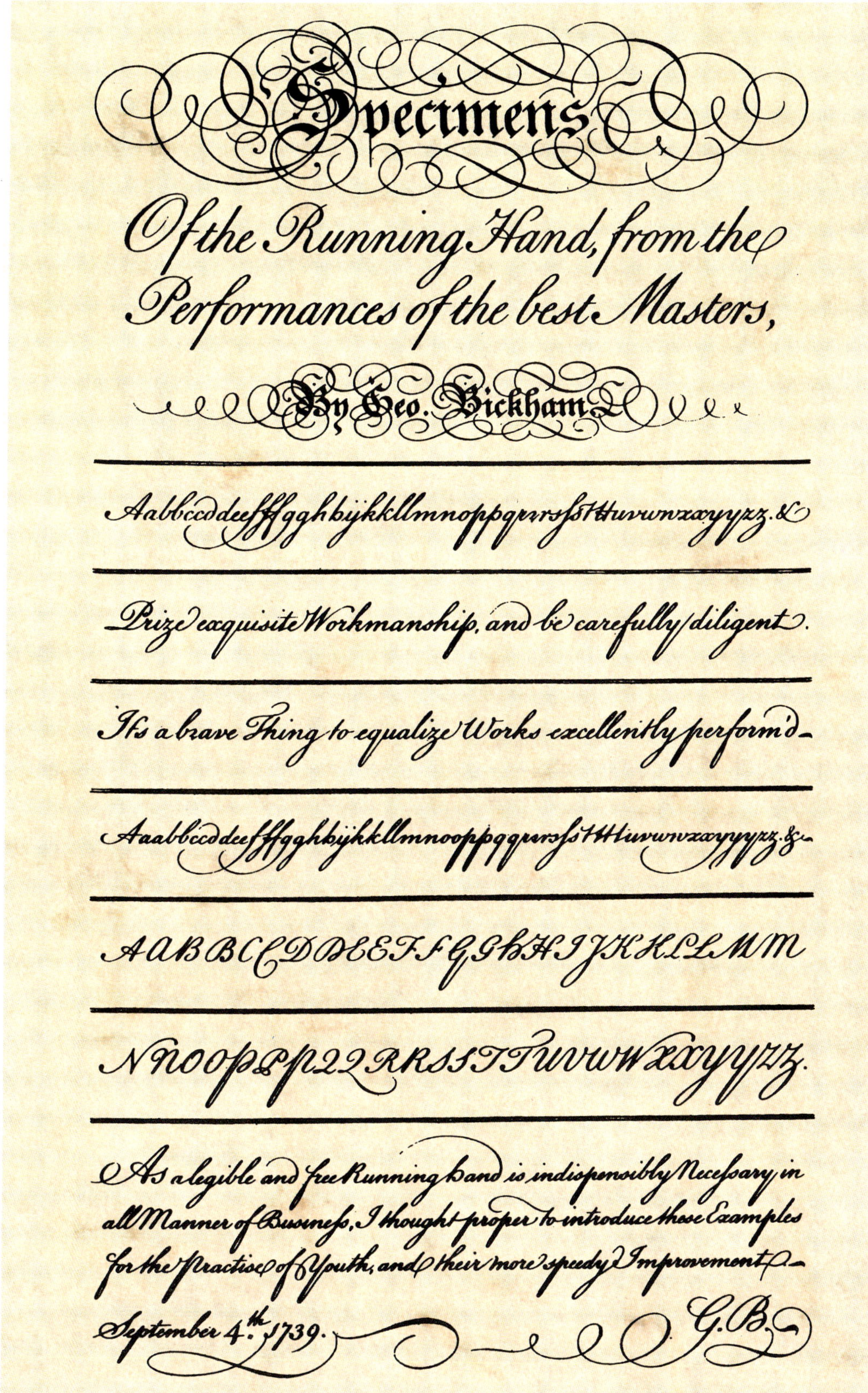
Specimens

Of the Running Hand, from the Performances of the best Masters,

By Geo. Bickham

Prize exquisite Workmanship, and be carefully diligent.

It's a brave Thing to equalize Works excellently perform'd.

As a legible and free Running hand is indispensibly Necessary in all Manner of Business, I thought proper to introduce these Examples for the Practice of Youth, and their more speedy Improvement.

September 4th. 1739. G.B.

Das aufwendig und dekorativ gestaltete Übungsblatt des englischen Schreibmeisters George Bickham entstand im Jahre 1739. Für eine Reihe von Buchstaben bietet er mehrere Variationen an

Ihre englische Schreibschrift

Um sich der dekorativen Copperplate zu nähern, eignen Sie sich am besten diese englische Schreibschrift wie eine anspruchsvolle Variante der normalen Schulschrift an

Auf den vorigen Seiten haben wir Ihnen die Schwierigkeiten der englischen Schreibschrift geschildert und um Ihre Geduld beim Üben gebeten. Lassen Sie sich aber davon nicht entmutigen. Jede Schrift läßt sich erlernen, wenn man seine Ziele Schritt für Schritt verfolgt und darauf vertraut, daß die Hand mit der Zeit immer geschickter wird.

Weniger ist mehr!

Das richtige Ziel für den Anfang ist daher, die englische Schreibschrift als anspruchsvollere Variante der Schulschrift mit Schlaufen zu betrachten. Auf die Unterschiede im einzelnen haben wir schon auf Seite 46 hingewiesen.

Vorbereitungen

Am besten legen Sie sich zunächst ein *Linienblatt* an, bei dem die Unter- und Oberlänge die Mittellänge deutlich überschreiten. Außerdem können Sie Linien für die *Schräglage* mit sehr dünnen Strichen markieren, also Ihr Linienblatt gewissermaßen schraffieren. Ein Winkel von etwa 20° ist für den Anfang völlig ausreichend.
Die künstlerische Schrift ist noch stärker geneigt, dadurch aber noch schwieriger zu schreiben. Außerdem wirkt eine extreme Schrägung nur, wenn die Schrift absolut virtuos beherrscht wird, und dieses Können steht am Ende und nicht am Anfang des Schriftenstudiums.

Es ist sehr praktisch, wenn Sie sich von Ihrem Linienblatt Fotokopien zum Üben anfertigen. Sie können aber natürlich auch mit einem Unterlegblatt bei durchscheinendem Papier arbeiten.

Kleinbuchstaben

Die ersten Übungen dienen der Schulung des Auges für die Buchstabenformen. Sie sollten daher zunächst ohne Druck schreiben, damit Ihre Aufmerksamkeit nicht durch eine zweite Aufgabe abgelenkt wird. Als *Federwinkel* sind etwa 45° richtig. Diese Haltung haben Sie ja schon bei der Italic-Kursive trainiert (siehe Seite 31).
Wie bei der Kursive werden die meisten Kleinbuchstaben in einem Zug geschrieben. Bei der englischen Schreibschrift ist dies eigentlich gar kein Problem, weil Sie die Feder ja – drucklos – auch ein wenig schieben dürfen.
Bitte schauen Sie sich die Alphabete auf Seite 49 gründlich und in Ruhe an. Schreiben Sie zunächst alle Buchstaben, die in die Mittellänge passen, miteinander verbunden auf Ihr Linienblatt, also

a-c-e-i-m-n-o-r-s-u-v-w-x-z.

Bei dieser Übung kommt es darauf an, ein möglichst gleichmäßiges Schriftband zu erzeugen. Die eleganten Schwünge der Ober- und Unterlängen wirken nur, wenn in der Mittellänge sozusagen ein *ruhig pulsierender Takt* geschlagen wird, zu dem die Schlaufen *rhythmische Akzente* setzen.
Denken Sie sich auch kleine Worte aus, die nur aus Buchstaben der Mittellänge bestehen, also etwa

eins – neun – wessen – rosa . . .

Schreiben Sie mit Ihren Wörtern kleine Zeilen – sie müssen für diesen Zweck keinen Sinn ergeben. Vielmehr sollen Sie selbst sehen, wie groß der Abstand zwischen den Wörtern am besten gewählt wird. Unser Tip: Machen Sie die Abstände eher klein, Sie reißen sonst „optische Löcher" in Ihr Schriftband.

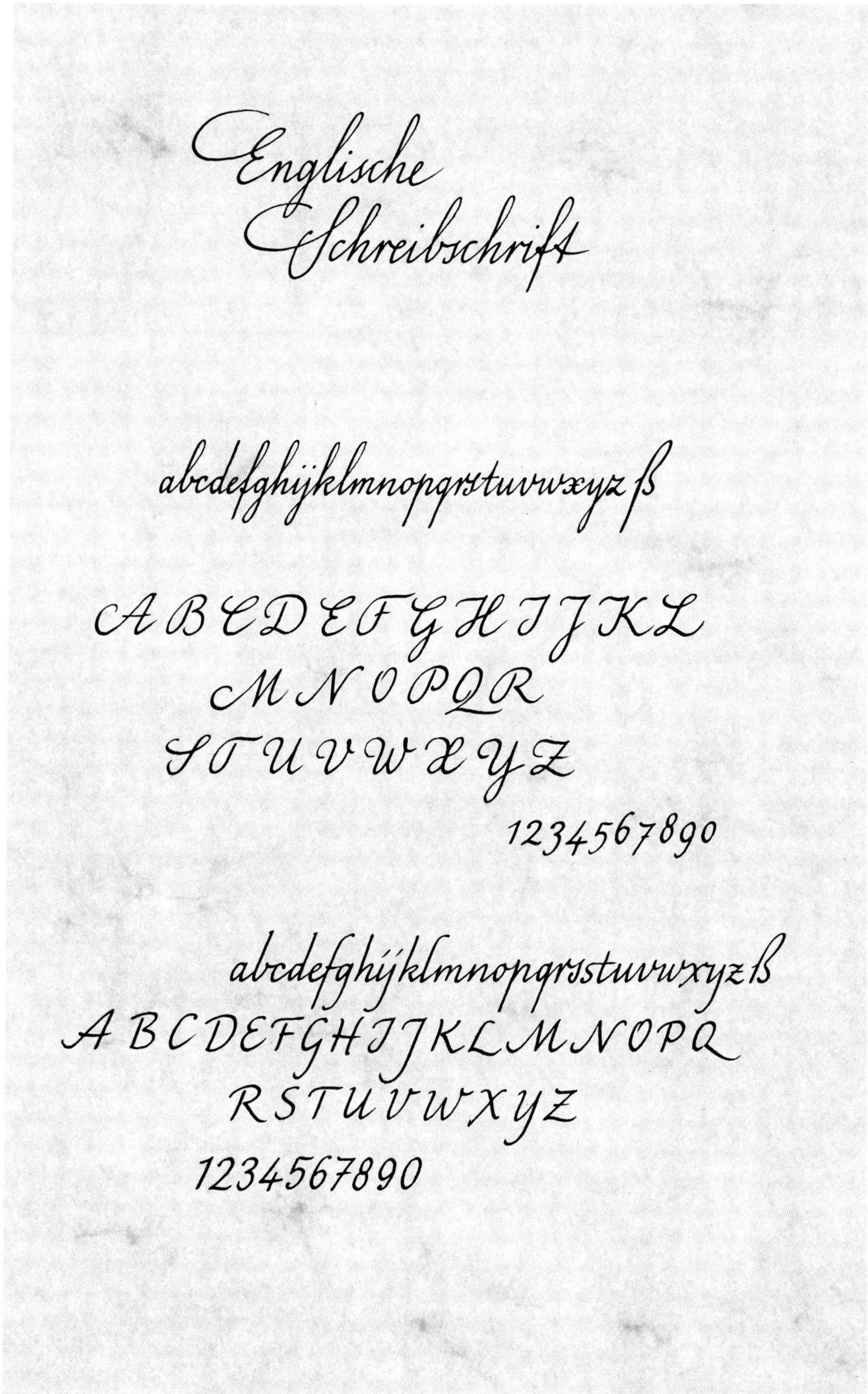

Gehen Sie beim Üben Ihrer ganz persönlichen englischen Schreibschrift am besten von Ihrer erlernten Schulschrift aus, verwenden Sie also Schlaufen. Unten sehen Sie eine Variante ohne Schlaufen, die Schäfte sind gerade. Beide Möglichkeiten stellte bereits George Bickham auf seinem Übungsblatt (siehe Seite 45) vor

> **Unser Tip: Nachdem Sie Ihr Alphabet gut eingeübt haben, schreiben Sie den Text von Seite 51 so oft ab, bis Sie ihn auswendig können. Sie haben dann bei jeder Gelegenheit einen Übungstext zur Hand**

Varianten

Die englische Schreibschrift kennt zwei wesentliche Varianten bei den Kleinbuchstaben, bezogen auf die Unter- und Oberlängen:
1. Schrift mit Schlaufen,
2. Schrift mit geraden Schäften.
Diese Differenzierung gab es schon bei den Schreibmeistern, wie Sie bei einem kritischen Blick auf das Musterblatt von George Bickham auf Seite 45 erkennen können.
Wenn Sie jetzt also die Buchstaben mit den Unter- und Oberlängen einüben, nämlich
b-d-f-g-h-j-k-l-p-q-t-y-ß,
können Sie selbst auswählen, welche Variante Ihnen besser gefällt. Auf Seite 49 sind beide Varianten untereinander abgebildet. Sie sollten es sich aber nicht nehmen lassen, auch diejenige Variante auszuprobieren, die nur Ihre zweite Wahl ist.
Wenn Sie mit Ihrem Schreibgefühl mehr zur Kursive tendieren, werden Sie bei der Variante mit geraden Schäften viel Gemeinsames finden, und umgekehrt wird Ihnen die Schlaufenvariante vertrauter vorkommen, wenn Ihre ursprüngliche Handschrift eher der gebundenen Schulschrift ähnelt.

Bewegung und Atmung

Nachdem Sie die Formen der Kleinbuchstaben gleichmäßig schreiben können, ist es Zeit, sich an die Ausgestaltung der Schrift mit *kontrolliertem Federdruck* zu machen. Nochmals zur Erinnerung: Schreiben Sie auf einer *weichen* Unterlage!
Der Federdruck liegt immer nur auf dem *Abstrich*, der deshalb auch als *Druckstrich* bezeichnet wird. Bitte üben Sie mit äußerstem Bewußtsein für diese Regel. Nichts wäre nämlich schädlicher, als wenn Sie sich falsche Bewegungen einprägten. Es ist viel schwieriger, Falsches aus dem Gedächtnis zu löschen, als Neues zu erlernen.

Das Schreiben mit wechselndem Druck läßt sich gut mit der Atmung vergleichen: Ein gleichmäßiger Wechsel von *Ein- und Ausatmen* führt zu einem ruhigen Puls und zu Wohlbefinden.
Wenn Sie mögen, können Sie die Übungen zum Federdruck auch tatsächlich mit Ihrer Atmung verbinden: Atmen Sie beim Druckstrich aus und bei den drucklosen Auf- und Kurvenstrichen ein.

Großbuchstaben

Erst wenn Sie die Kleinbuchstaben mit wechselndem Federdruck gut beherrschen, sollten Sie die Großbuchstaben eintrainieren. Sie sind im Aufbau komplizierter und beinhalten zum Teil mehrere Druckstriche, umfassen also sozusagen in sich mehrere Atembögen.
Auch für die Großbuchstaben haben wir auf Seite 49 zwei Alphabete anzubieten. Sie können ohne Probleme weitere Formen erfinden, wenn Sie erst einmal die inneren ästhetischen Gesetze der englischen Schreibschrift verstehen gelernt haben.
Wie die Kursive ist auch die englische Schreibschrift eine *offene Schrift*, die dem Ausdruck der Persönlichkeit genügend Spielraum läßt, um beides zu sein: eine schöne *und* eine individuelle Schrift.

Englische Schreibschrift

ııı cccc ıııı //// uuuu nnnn uuuu llll ffff

Abwärtsbewegungen sind stets mit leichtem Druck auszuführen und folgen streng der Achse, die die Neigung der Schrift bestimmt. Aufwärts führende Linien sind viel zarter und ohne Druck zu schreiben.
Schwierigkeiten bereitet das notwendige Gleichmaß des Auf-und-ab-Schwingens besonders der temperamentvollen Hand. Lockerungsübingen und Linienblatt, auch mit eingezeichneter Schräglage, sind unentbehrlich – und Ruhe.

Die lateinische Handschrift – nichts anderes ist ja die englische Schreibschrift – sieht aber auch ohne alle Verzierungen und in größerem Tempo geschrieben sehr ansehnlich aus, wenn man auf saubere Ausformung aller Buchstaben achtet und das richtige Schreibgerät benutzt.

Handschriften beurteilen

Wenn Sie lernen, schöne Schriften bewußter als bisher zu sehen und die Unterschiede und Ausprägungen zu benennen, wirkt sich das auf jeden Fall positiv auf Ihre eigene Schreibpraxis aus

Fast genauso wichtig wie die Ausführung der richtigen Schreibbewegungen ist die Schulung des Auges für gute Schriftformen. Man kann eigentlich nur dann schöne Buchstaben schreiben, wenn man ein kritisches Unterscheidungsvermögen für gute und schlechte Formen entwickelt hat.

Schöne Formen

Wie verfeinert man sein ästhetisches Urteilsvermögen? Der große englische Schriftreformer Edward Johnston hat es einmal so ausgedrückt:

„Schöne Formen auszuwählen oder zu konstruieren erfordert guten Geschmack, der seinerseits kultiviert sein will, was wiederum durch die Beobachtung schöner Formen geschieht."

Das hört sich an wie ein Zirkelschluß, da ja die Kultivierung des guten Geschmacks eigentlich schon voraussetzt, daß man schöne Formen erkennt. Johnston meint aber eigentlich nur, daß die kritische Betrachtung schöner Formen das Auge schult und daß die erworbenen Erkenntnisse uns nach und nach dazu verhelfen, selbst schöne Formen zu entwerfen.

Wir möchten Ihnen also ans Herz legen, ganz *bewußt* auf schöne Schriften zu achten und herauszufinden, was das Schöne daran ist; genauso wie es sehr hilfreich ist zu bestimmen, was eine Form daran hindert, einen schönen Eindruck zu erzeugen.

Einige Schriftbeispiele

Rechts sehen Sie eine Reihe von Handschriftbeispielen in ganz verschiedenen Ausprägungen, die Sie sich kritisch ansehen sollten. Die „Sauklaue" ganz unten ist natürlich nur als abschreckendes Beispiel gemeint; es lohnt sich aber, wenn Sie sich selbst einmal sagen, was daran genau unschön ist. Sie schaffen sich so Ihr eigenes Vokabular für die Schriftbeurteilung.

Aber auch in den ansehnlicheren Zeilen gibt es viel zu sehen. Wir geben Ihnen einige Schlagworte, die Sie – selbstverständlich zusammen mit Ihren eigenen Begriffen – zur kritischen Beschreibung verwenden können:

harmonisch	*leserlich*
rhythmisch	*künstlerisch*
ausdrucksvoll	*eintönig*
verspielt	*spannend*
fest	*großzügig*
weich	*gedrängt*

Dieser Katalog ist natürlich überhaupt nicht repräsentativ, er wartet geradezu auf Ihre Ergänzungen.

Das Ziel unseres Buches ist es, Ihnen auf dem Weg zum selbständigen Vergnügen am Schreiben einige Fingerzeige zu geben; wir möchten Ihnen keine Normschriften verordnen. Denn nur Sie allein entscheiden darüber, was Ihnen gefällt und wie Sie gerne schreiben möchten.

Unsere Handschriften haben zwar alle dasselbe Fundament – die lateinische Ausgangsschrift –, aber durch bestimmte „charakteristische" Formen,

Ein Beispiel für die überarbeitete lateinische Schrift (siehe Seite 39)

Gewohnheiten und Vorlieben zeigt sie sich in den unterschiedlichsten persönlichen Ausprägungen.

Eine zu stark gerundete Schreibform und eine knappe, zurückhaltende Variante

Laufweite der Schrift: normal · sehr eng · weit
Schräglage: senkrecht · schräg · flach
Größe der Ober- und Unterlängen: hg · hg · hg
und ihre Ausführung: fff · ggg · hh · bbb
verändern das Schriftbild stark.

Gleichgültig, welche Form wir bevorzugen: Gutes Schreibgerät, ein Linienblatt und etwas Konzentration verbessern jede Schrift.

Eine rasch geschriebene, ausdrucksstarke Form

Häufig sieht man solche Krakelei. Das reicht ja vielleicht grade für einen Notizzettel, aber als Mitteilung für jemanden anderen ist es nicht brauchbar, viel zu undeutlich.

Ein Negativbeispiel

Deutsche Schreibschrift

Viele Briefe und Dokumente der Vergangenheit, von Albrecht Dürer über Goethe bis zu unseren Großeltern, sind in deutscher Schrift abgefaßt. Die Beherrschung dieser Schrift macht viele private und geschichtlich interessante Quellen wieder zugänglich

Interessanterweise ist die deutsche Schreibschrift (die ebenfalls Schlaufen in Unter- und Oberlängen enthält) heute weitgehend in Vergessenheit geraten. Das hat sicherlich etwas mit der deutschen Geschichte zu tun, in der die Nazis diese Schrift als ideologisches Kampfmittel mißbraucht haben. Zugleich erfordert natürlich auch die europäische Einigung eine Konzentration auf eine überall gut lesbare Schrift, und das ist nun einmal die lateinische Handschrift.
Aus vielen Anfragen an den Verlag und die Autoren wissen wir, daß eine große Anzahl von Menschen die deutsche Handschrift zumindest gern lesen können möchte. Viele alte Briefe und Schriftstücke sind uns ohne Kenntnis der deutschen Schrift nicht zugänglich. Wir stellen Ihnen deshalb die deutsche Schrift mit Lese- und Schreibübungen auf der gegenüberliegenden Seite vor.

Offenbacher Schrift

Als Muster für eine deutsche Schreibschrift haben wir die sogenannte *Offenbacher Schrift* ausgewählt, die der beste deutsche Schreibmeister und Kalligraph zwischen den Weltkriegen, Rudolf Koch, entwickelt hat.
Die Schrift Rudolf Kochs zeigt, daß die deutsche Schrift nach den gleichen ästhetischen Maßgaben geschrieben werden kann wie die lateinische. Darin ist sie insbesondere der Sütterlin-Schrift überlegen, welche als deutsche Schulschrift zu einem recht ärmlichen Schriftbild geführt hatte.

Übung

Bitte üben Sie zunächst, die Buchstaben voneinander zu unterscheiden. Für Menschen, die mit der lateinischen Schrift aufgewachsen sind, ähneln sich viele Buchstaben zum Verwechseln. Mit etwas Geduld und Ihrem inzwischen geschulten kritischen Auge für Schriftnuancen werden Sie aber in kurzer Zeit die deutsche Handschrift genausogut lesen können wie Ihre gewohnte Schrift.
Zum Schreiben können Sie wieder Ihnen *Art-Pen Italics 0.9* oder eine andere schmale Feder verwenden. Im Gegensatz zur lateinischen Schrift spielt das *Sägezahnmuster* bei der deutschen Schrift eine wesentliche Rolle. Die n- und u-Muster sind dagegen unwichtig.
Die Kantigkeit des Sägezahnmusters wird in der deutschen Schrift durch viele runde Formen ausgeglichen. Diese Rundheiten sind insbesondere bei den Großbuchstaben ausgeprägt. Durch den Reichtum an Großbuchstaben, der die deutsche Rechtschreibung auszeichnet, erhält ein Schriftstück in deutscher Schrift einen insgesamt ausgewogenen und ansprechenden Charakter.

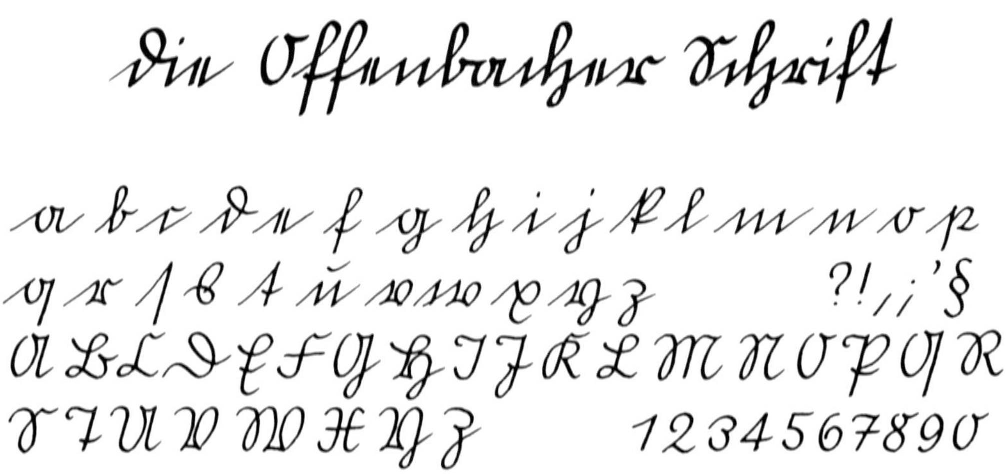

Deutsche Handschrift

Als Beispiel für eine deutsche Schrift, deren Urahnen die gotischen und die Fraktur-Schriften sind, habe ich die von Robert Koch reformierte Offenbacher Schrift ausgewählt.

Sie überzeugt auch heute noch durch ihren kraftvollen Duktus und den systematischen Aufbau. Die deutlich ausgeprägten Gegenbewegungen, die sich bei vielen Buchstaben finden, stützen die Neigung der Schrift und bilden einen spannungsvollen Rhythmus.

Respektiert man nur die Formung der Buchstaben, so läßt sich durch Variationen in der Schräglage oder bei den Ober- und Unterlängen der Minuskeln das Schriftbild erheblich verändern.

Der Spielraum reicht bis zur bizarr übertriebenen Form.

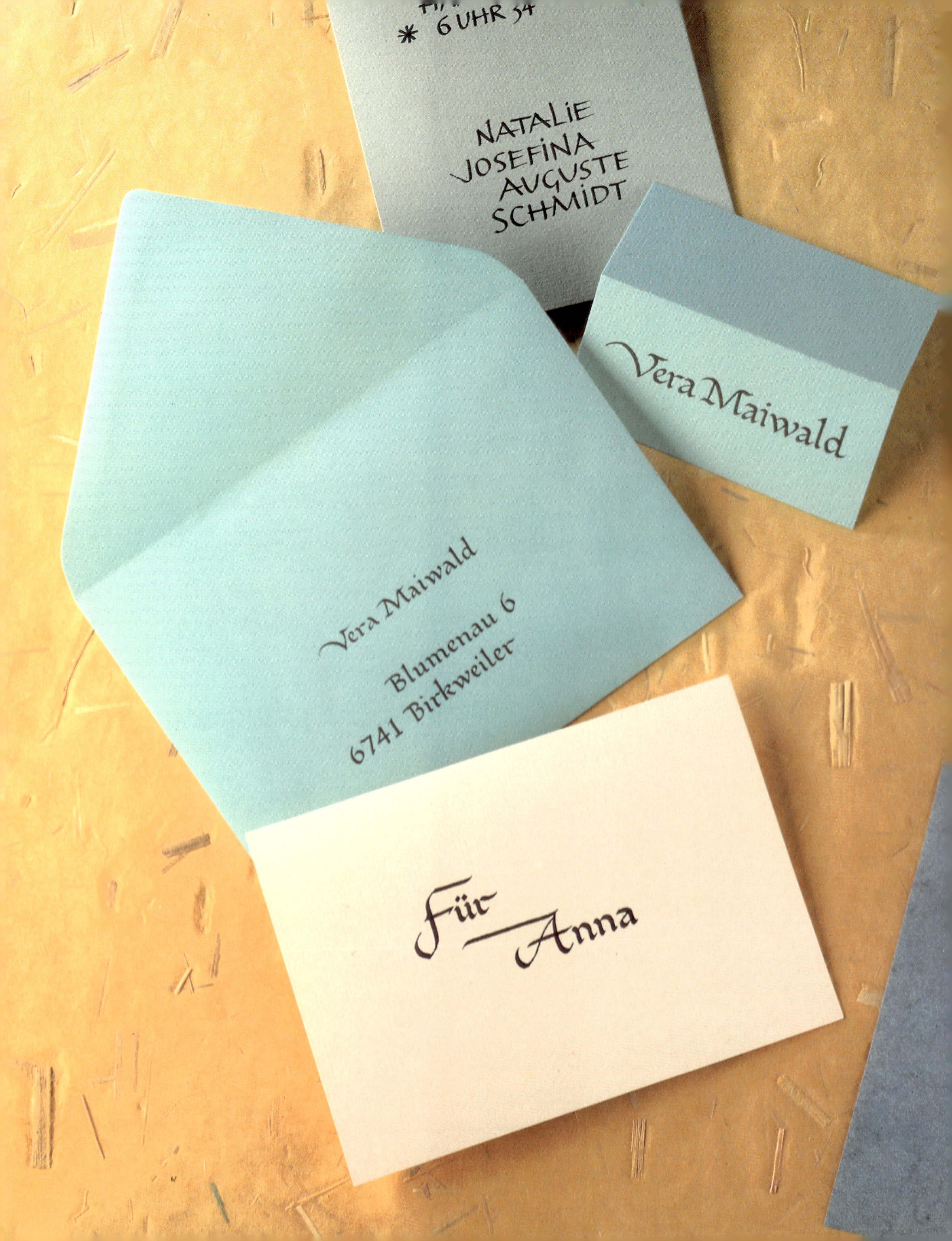
6 UHR 54
NATALIE
JOSEFINA
AUGUSTE
SCHMIDT
Vera Maiwald
Vera Maiwald
Blumenau 6
6741 Birkweiler
Für Anna

Aufgebaute Schriften

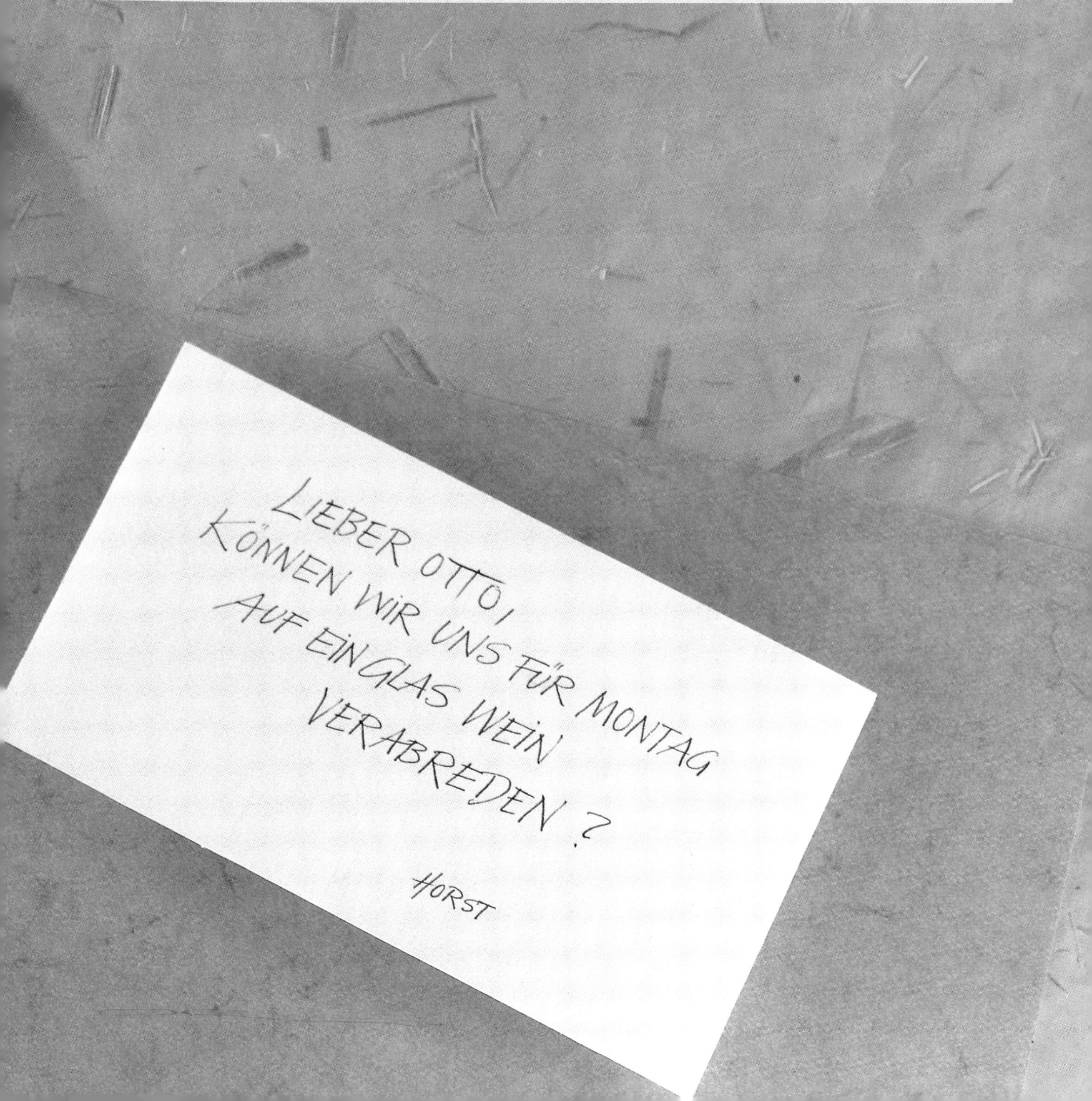

Einfache lateinische Blockschrift

Wenn Sie die Großbuchstaben formal beherrschen, sollten Sie sie so oft wie möglich anwenden. Besonders zum Ausfüllen von Kreuzworträtseln sind sie ausgezeichnet geeignet. Zugleich schulen Sie dabei Ihre Konzentration auf die Schriftform. Gerade weil wir schon schreiben können, gleiten wir gern in die altgewohnte Schrift ab. Konzentration ist Übungssache; wenn Sie aber einmal die Technik erworben haben, sich auf die Form der Schrift zu konzentrieren, wird Ihre Hand immer das schreiben, was Ihnen innerlich vorschwebt

Unser Alphabet, mit dem wir schreiben, ist uns so in Fleisch und Blut übergegangen, daß wir uns der formalen Herkunft der Buchstaben gar nicht mehr bewußt sind. Um ein kritisches Auge für Schriftformen wiederzugewinnen, sollten wir uns dem gewohnten Alphabet aus einer neuen Perspektive nähern, gewissermaßen als wäre es uns fremd. Von hier aus eröffnen sich Wege zu künstlerischer, kalligraphischer Schrift.

Klassische Formen

Auf den folgenden Seiten werden wir Ihnen einige *aufgebaute* Schriften vorstellen, also Schriften, deren Buchstaben alle durch Zusammenfügen einzelner Striche erzeugt werden. Die Schreibtechnik ist also etwas anders als bei der kursiven, gebundenen Handschrift, wie wir sie im Hauptteil dieses Buches geschildert haben. Doch keine Sorge: Sie haben ja durch das Studium der ästhetischen Handschrift schon Sinn für Schriftkultur entwickelt. Und mit Ihrem ArtPen sind die folgenden klassischen oder künstlerischen Grundschriften genauso leicht zu erlernen wie die Handschrift. Wir möchten Sie also ermutigen, uns bei unserem Ausflug in die Welt der künstlerischen Schrift zu begleiten. Ihrem Verständnis für Schriftschönheit wird das in jedem Fall nützen! Beginnen wollen wir mit einfachen Großbuchstaben.

Großbuchstaben in Stein

Die Buchstaben des lateinischen Alphabets, das unserer Schrift zugrunde liegt, sind gut 2500 Jahre alt. Wir kennen sie vor allem aus Inschriften in Stein; aus dem lateinischen Wort für Stein (*lapis*) ist die Bezeichnung *Lapidarschrift* für diese Buchstaben entstanden.
Schon während der Antike wurden andere Schriften entwickelt, vor allem für das Schreiben auf Papyrus, einer Art Papier, das aus dem Mark ägyptischer Binsen erzeugt wurde. Die alten Römer benutzten auch mit Wachs überzogene Holztäfelchen, um darauf Notizen einzuritzen; hierfür gab es wieder andere Buchstabenformen.
Die großen Buchstaben der Lapidarschrift werden zur Unterscheidung von den kleinen Buchstaben der Papyrus- oder der Wachstafelschrift als *Majuskeln* bezeichnet, was wörtlich *Großbuchstaben* bedeutet (die *Kleinbuchstaben* heißen *Minuskeln*). Die in Büchern über Schrift verwendeten Bezeichnungen Majuskeln, Großbuchstaben und Blockbuchstaben bezeichnen im großen und ganzen alle das gleiche Alphabet, mit dem wir uns nun befassen wollen.

Geometrische Konstruktion

Die geniale Idee der Großbuchstaben ist ihre Konstruktion aus drei einfachen geometrischen Formen: dem Dreieck, dem Kreis und dem Rechteck.
Auf der gegenüberliegenden Seite sind alle Großbuchstaben nach ihren geometrischen Grundformen geordnet. Sie sollten nun selbst einmal probieren, wie die einzelnen Buchstaben aus Dreiecken, Kreisen oder Teilen von Kreisen und Rechtecken aufgebaut werden können. Das wird Ihr Verständnis für die Schriftkonstruktion vertiefen.

Übung

Sie können mit den Großbuchstaben ein wenig üben. Zunächst schreiben Sie einfach die Vorlage von Seite 59 ab. Eine gute Übung ist es auch, ein durchscheinendes Blatt auf diese Seite zu legen und die Buchstaben nachzuziehen. Dadurch prägen Sie sich die Proportionen gut ein.

GRUNDFORMEN DER MAJUSKELN

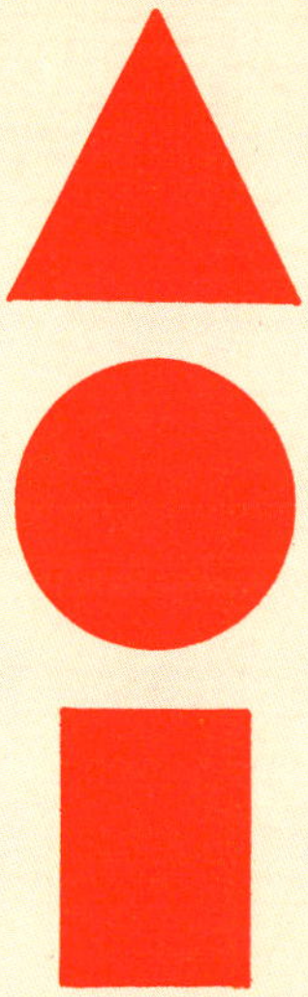

AKLMNTVW
XYZ

BCDGOPQ
RSU

EFH

FÜR VIELE BESCHRIFTUNGEN IST EINE LEICHT SCHRÄG GESTELLTE LAPIDARSCHRIFT EINE GUTE ALTERNATIVE ZUR NORMSCHRIFT.

FRVEHE
ROEMISCHE
LAPIDARSCHRIFT

Lateinische Kleinbuchstaben

Das Kleinbuchstaben-Alphabet können Sie neben der Schulung Ihres Schriftempfindens auch sehr gut zum Beschriften verwenden, da es außerordentlich gut lesbar und plakativ ist

Genau wie die Großbuchstaben sind auch die Kleinbuchstaben im Prinzip aus wenigen Elementen zusammengesetzt. Sie lassen sich allerdings nicht auf rein geometrische Grundformen zurückführen.
Das liegt vor allem daran, daß sie sich historisch aus der Großbuchstabenschrift und schließlich aus der Schreibtechnik entwickelt haben. Und in der handgeschriebenen Schrift geht die Logik mehr von der Linienführung als von der Flächengestalt aus.
Das auf Seite 61 dargestellte Kleinbuchstaben-Alphabet stellt eine moderne, stark vereinfachte Variante der klassischen Kleinbuchstaben-Antiqua dar (siehe Seite 65). Lediglich das a und g sind unklassisch, allerdings haben wir die klassischen Varianten am Ende des Alphabets zusätzlich angefügt.

Formelemente

Die Grundstriche unseres Kleinbuchstaben-Alphabets finden Sie in der obersten Zeile der Seite 61. Bitte behalten Sie immer im Gedächtnis, daß diese Schrift *aus einzelnen Strichen aufgebaut* wird, daß der Stift also in der Regel mehrmals ansetzen muß.
Ausnahmen wie das l, das aus einem Strich erzeugt wird, bestätigen diese Regel. Versuchen Sie aber bitte nicht, etwa ein w in einer einzigen Zickzackbewegung zu schreiben. Dies wäre für Handschrift ein richtiges Verfahren, widerspricht aber dem Wesen einer aufgebauten Schrift. Das w wird also aus *vier* Strichen zusammengesetzt.

Übung

Die größte Schwierigkeit bei aufgebauten Schriften besteht in der Notwendigkeit, daß sich die Striche sauber und an der richtigen Stelle treffen. Die notwendige *Treffsicherheit* erfordert aber nichts anderes als Erfahrung im Umgang mit dem Alphabet und die Beherrschung von Arm, Hand, Schreibgerät und Auge – und das alles ist reine Übungssache.
Bitte beginnen Sie Ihre Übungen mit dem Überschreiben des Alphabets auf Seite 61. Dabei können Sie wieder Fotokopien oder auch durchscheinendes Papier wählen. Als Schreibgerät sollten Sie zunächst einen Bleistift verwenden.
Achten Sie besonders darauf, die einzelnen Striche auf die in der obersten Zeile angegebenen Grundformen zu beschränken. Sie können sich zum Beispiel sehr gut kontrollieren, wenn Sie die Übungen mit zwei verschiedenfarbigen Buntstiften ausführen. Jedes Formelement (siehe obere Zeile) sollte im Wechsel mit einer anderen Farbe geschrieben werden.
Wenn Sie die Zusammensetzung der Buchstaben verinnerlicht haben, können Sie beginnen, kleine Texte zu schreiben. Dabei kontrollieren Sie bitte auch die Gestaltung der Abstände zwischen den verschiedenen Buchstaben sowie die Wortabstände. Grundlegendes dazu erfahren Sie auf Seite 66. Ebenso können Sie auch schon die Helligkeitsregel berücksichtigen, die wir auf Seite 64–67 erläutern.
Da die Kleinbuchstabenschrift im Verhältnis zur Großbuchstabenschrift in sich heller wirkt (durch die auflockernden Ober- und Unterlängen), kann der Zeilenabstand weiter gewählt werden.
Insgesamt wirkt die Kleinbuchstabenschrift lichter und leichter und ist deshalb für alle normalen, längeren Texte besser geeignet als die gravitätische und nicht so schnell lesbare Großbuchstabenschrift.

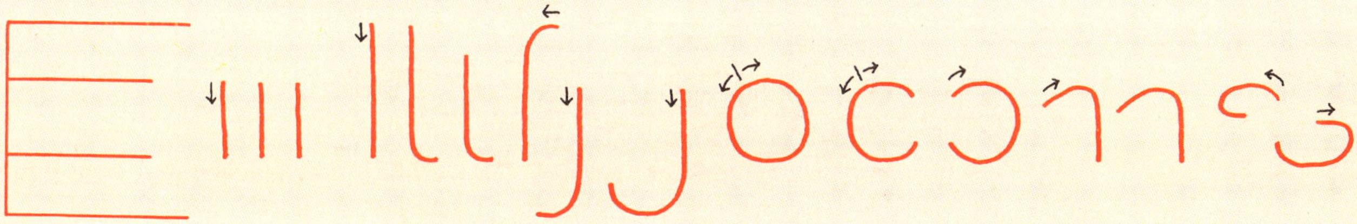

abcdefghijklm

nopqrstuvwx

yz agß.,;()„"?!&

1234567890

minimum minimum minimum

Minuskeln i sollen i so i gleichmäßig i wie eine Perlenkette gereiht, niemals jedoch zusammengepreßt oder gesperrt geschrieben werden.

Breitfeder-Antiqua

Die proportionale Harmonie der Buchstaben hat eine philosophische Seite, die uns erklärt, warum bestimmte Verhältnisse schön sind; und eine sinnlich-anschauliche Seite, die Schönheit und Harmonie fühlbar macht. Ausgemessene Konstruktionen bedürfen auf jeden Fall der sinnlich-gefühlsmäßigen Überprüfung

Schon der Name sagt es: Die Antiqua ist eine alte Schrift, nämlich die Schrift der römischen Antike. Wir kennen sie, wie die einfache Lapidarschrift, zumeist aus Inschriften in Stein. Im Gegensatz zu ihr haben die Antiqua-Buchstaben beinahe alle *kleine Schlußstriche* quer zum eigentlichen Schriftzug, die sogenannten *Serifen*.

Diese Schlußstriche lassen sich mit der Feder nur sehr mühselig nachstellen und sind nicht werkgerecht. Wir stellen Ihnen daher eine moderne Antiqua ohne Serifen vor, die leichter zu schreiben ist.

Proportionen der Großbuchstaben

Alle Antiqua-Großbuchstaben haben eine definierte Beziehung zum *Quadrat*. Das heißt nicht, daß sie so breit sind wie ein Quadrat, das durch die einheitliche Höhe der Buchstaben festgelegt ist, sondern vielmehr, daß der individuelle Charakter der Buchstaben im Kontrast zur Quadratform besonders deutlich hervortritt.

Auf Seite 63 können Sie diesen Kontrast erkennen; das Quadrat als Bezugssystem wurde jedem Buchstaben hinterlegt. Wenn Sie die serifenlose Antiqua einstudieren möchten, lohnt es sich, die Buchstaben in Quadrate einzuschreiben; so entwickelt sich Ihr Sinn für die Proportionen der Buchstaben auf ganz natürliche Weise.

Es gibt viele Menschen, die meinen, man könnte Schrift am besten wiedergeben, wenn man die idealen Proportionen ausmißt und versucht, die Buchstaben penibel nachzuschreiben. Wir möchten Ihnen dieses Verfahren ausdrücklich nicht empfehlen. Schreiben Sie nach *Augenmaß*, und schauen Sie kritisch – Sie werden um so schöner schreiben, je besser Sie Ihr kritisches Auge entwickeln.

Übung

Üben Sie die Antiqua-Großbuchstaben entsprechend Ihrem wachsenden Gefühl für Schriftproportionen. Schreiben Sie gleich ganze Wörter und Zeilen. Beginnen Sie mit den geraden Buchstaben; der Federwinkel sollte etwa 30° betragen:

E – F – H – I – L – T.

Jeder Strich wird einzeln angesetzt, das unterscheidet die aufgebaute Schrift von der Handschrift! Probieren Sie nun die Buchstaben mit großen Bögen:

C – D – G – O – Q – U.

Das O besteht aus zwei Bögen; aber auch bei C und G werden der obere und der untere Bogen getrennt gezogen: der untere, linke nach links fallend, der rechte zunächst nach oben rechts steigend und dann weiter im Umschwung nach links auslaufend.

Die Buchstaben mit kleinen Bögen erfordern noch präzisere Feinarbeit:

B – P – R – S.

Bei den Buchstaben mit schrägen Strichen sollte der Federwinkel verändert werden, um ein plumpes Bild zu vermeiden; er beträgt etwa 20° bei

A – K – V – X – W – Y.

Der Winkel beträgt aber rund 45° bei

M – N.

Schließlich noch das Z: Hier sollte der mittlere schräge Strich mit ganz flachem Federwinkel geschrieben werden, damit er kräftig ausfällt und den Buchstaben optisch zusammenhalten kann.

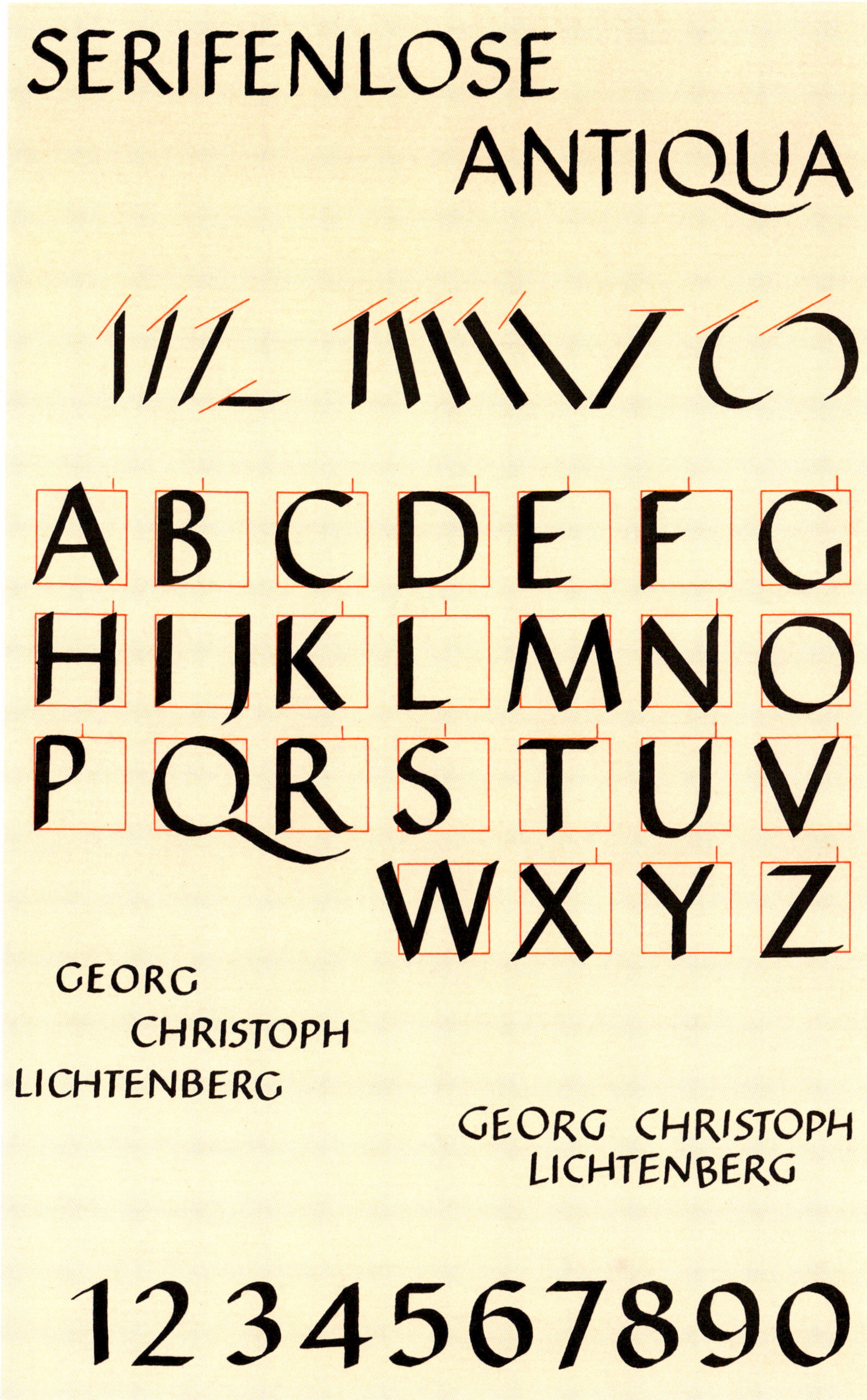

Die oberen zwei Zeilen wurden mit Federstärke 1,9 mm geschrieben, die Striche und das Alphabet darunter mit Federstärke 2,7 mm. Der Federwinkel betrug meistens 30°

Für den Namen wurde beidesmal eine 1,1 mm breite Feder verwendet, für die Majuskelzahlen (sie sind alle gleich groß) die Federstärke 2,7 mm

Form der Kleinbuchstaben

Die Breitfeder verleiht auch der Kleinbuchstabenschrift besondere Schönheit. Das liegt aber nicht an irgendeiner geheimnisvollen Kraft, die ihr innewohnt, sondern ganz einfach daran, daß unsere Schriften ursprünglich als Breitfederschriften mit dem typischen Fett-Fein-Kontrast entstanden sind.
Die antiken und mittelalterlichen Schreiber wären gar nicht auf den Gedanken gekommen, Schriften zu schreiben, bei denen alle Linien gleich breit sind. So etwas galt als vulgär und unschön – und erinnerte an die mit einem Griffel geritzten Wachstafeln für flüchtige Notizen.
Selbst die Schreibmeister des 18. Jahrhunderts, die eine spitze Feder verwendeten, variierten die Dicke der Striche, und zwar durch veränderten Druck auf die Feder (siehe das Kapitel über die Copperplate, die englische Schreibschrift).
Breitfeder-Kleinbuchstaben lassen sich übrigens nicht so leicht proportionieren wie die Großbuchstaben, die ja alle auf ein Grundquadrat bezogen waren. Dennoch kann man mit Hilfe einfacher Regeln für eine ästhetisch ausgewogene Schrift sorgen.

Alle schönen Schriften des Abendlandes sind aus der Breitfeder entwickelt worden. Kein Wunder, daß sie, mit dem ArtPen geschrieben, besonders gut aussehen

Buchstaben-Innenraum

Wir hatten schon darauf hingewiesen, daß die Schönheit des Schriftbildes sehr stark davon abhängt, ob die Zeile als ein *gleichmäßiges, hell-dunkles Band* aufgebaut wird. Dabei kommt es immer darauf an, den Abstand *zwischen* den einzelnen Buchstaben im gleichen *Helligkeitswert* zu halten (siehe auch Seite 66/67).
Eine weitere Regel zur ästhetischen Vereinheitlichung der Schrift wird aus dem empfundenen Helligkeitswert *innerhalb der Buchstaben* gewonnen. Im Prinzip sollen sämtliche Buchstaben-Innenräume gleich viel Helligkeit aufweisen.
Das ist natürlich ein relativer Begriff, weil die Gestalt der Räume ganz unterschiedlich ausgeprägt ist: Es gibt geschlossene Innenräume (etwa beim o), rund-offene (zum Beispiel beim c), gerade-offene (etwa beim n) und verschiedene Mischformen.

Übung

Bitte betrachten Sie nun das Alphabet gegenüber im Hinblick auf die Helligkeit der Buchstaben-Innenräume. Versuchen Sie, ein Alphabet freihändig genauso abzuschreiben, wie abgebildet.
Probieren Sie anschließend auch die Zahlen, und beachten Sie dabei, daß die 3, 5, 7 und 9 *unter* die Mittellinie reichen, die 4, 6 und 8 aber *darüber*. Man spricht bei dieser Darstellungsform in Anlehnung an die Drucker von *Mediäval-Zahlen*.
Ein Vorschlag: Legen Sie sich eine kleine Telefonliste an, in der Sie die Namen mit den Breitfeder-Kleinbuchstaben und die Zahlen mediäval schreiben!

Einfluß der Federstärke

Generell für jede Schrift, hier demonstriert an den Breitfeder-Kleinbuchstaben, spielt die Federbreite im Verhältnis zur Schrifthöhe eine ausschlaggebende Rolle. Eine schmalere Feder bei gleichbleibender Schrifthöhe wirkt leichter, aber auch weniger bedeutsam. Eine sehr breite Feder führt oft zu fast finsteren Schriftbildern.
Für das Alphabet auf der gegenüberliegenden Seite wurde ein ArtPen Calligraphy 2.7 verwendet; der untere Text wurde mit einem ArtPen Calligraphy 1.5 geschrieben. Wenn Sie keinen sehr breiten ArtPen haben, können Sie für Ihre Übungen von der Vorlage eine verkleinerte Fotokopie machen. Allerdings hilft gerade das Üben mit großen Formaten, weil die kleinere Schrift zu handschriftlich wirkt und Fehler überdeckt – was fürs Üben nicht hilfreich ist.

abcdefghijk
lmnopqrstu
vwxyzß

Die Federstärke betrug für die obere Hälfte dieses Blattes 2,7 mm, der Federwinkel 30°. Nur bei den schräg abwärts führenden Balken von Z und 7 war er etwas steiler

1234567890

Im Gegensatz zu den gleich hohen Zahlen von Seite 63 handelt es sich hier um Minuskelzahlen, die, wie Kleinbuchstaben, Ober- und Unterlängen aufweisen. Man nennt sie auch Mediäval-Zahlen

In Texte, die überwiegend aus Minuskeln bestehen, fügen sich Zahlen mit Ober- und Unterlängen besser ein als Majuskel-Zahlen (12345...).

Die Majuskelzahlen am Ende dieses Textes sind geeigneter für die Großbuchstabenschrift

magere Schrift **fette Schrift**

Ausgeglichenes Schriftbild

Sowohl für aufgebaute Schriften als auch für (kursive) Handschriften lassen sich allgemeine Kriterien aufstellen, die das Geschriebene harmonischer und besser lesbar wirken lassen

Jedes schöne Schriftbild ist das Resultat zahlreicher Elemente, die gemeinsam ihre Wirkung entfalten. Sowohl die Handschrift als auch die aufgebaute Schrift erfordern die Beherrschung einiger Grundregeln für das Schriftbild, die über die richtige Form der Einzelbuchstaben hinausgehen. Anhand der Antiqua-Großbuchstaben möchten wir Sie damit vertraut machen. Die Regeln gelten im Prinzip universell, sind jedoch für jede Schrift im Grad etwas unterschiedlich ausgeprägt.

Takt und Rhythmus

Die Schrift soll als ein gleichmäßiges Band aus Papierweiß und Tintenstrichen erscheinen. Diese Gleichförmigkeit ist gewissermaßen der *Takt* der geschriebenen Melodie.
Die schöne Schrift – gleichgültig ob Charakterschrift oder künstlerische Schrift – setzt gegen diesen Takt *rhythmische Akzente*: zum Beispiel durch die Ober- und Unterlängen, besondere Formen der Anfangsbuchstaben (Initialen), durch Großbuchstaben und so weiter. Dadurch entsteht eine Spannung.
Die Gleichmäßigkeit des Schriftbandes wird allerdings durch diese Unterschiedlichkeit der Buchstabenformen erschwert. So wirken etwa zwei gerade Buchstaben nebeneinander ganz anders als zwei runde.

Buchstabenabstände

Ein wichtiges Kriterium für den richtigen Abstand zwischen zwei Buchstaben ist, wie man die helle Fläche zwischen den Buchstaben wahrnimmt. Man ist geneigt anzunehmen, daß ein (mathematisch) immer gleicher Abstand zwischen den äußeren „Zipfeln" der Buchstaben ein ausgeglichenes Schriftbild erzeugt. Daß dem nicht so ist, können Sie an der ersten Zeile unseres Beispiels auf Seite 67 sehen. Derartige Wörter und Zeilen kann man bestenfalls als „gleichmäßig unschön" bezeichnen!
Harmonische Gleichmäßigkeit können Sie erzielen, wenn Sie die folgende Grundregel beachten.

Helligkeit

Die Helligkeit zwischen allen Buchstaben muß als gleich groß *empfunden* werden.
Im einzelnen bedeutet das, daß die Abstände zwischen zwei geraden Buchstaben (HIN) viel weiter sein müssen als zwischen zwei runden Buchstaben (OC). Steht ein runder Buchstabe mit einem geraden zusammen, ist der Abstand etwas kleiner (CH). Bei Buchstaben mit schrägen Strichen, zum Beispiel A oder V, muß der Abstand noch viel deutlicher verringert werden.
Ganz kompliziert wird es, wenn runde Buchstaben oder solche mit Schrägen mit den „offenen" Buchstaben L und T zusammentreffen. Diese Buchstaben erzeugen schon in sich soviel Helligkeit, daß die dazu kombinierten Buchstaben sehr nahe heranrücken müssen (TO und LA). Es kommt sogar zu Unterschneidungen.

Wort- und Zeilenabstände

Wortabstände dienen ausschließlich der besseren Trennung von Sinneinheiten. Eigentlich sind sie aus rein optischen Gründen unerwünscht. Als eine praktikable Regel für die Großbuchstaben hat sich erwiesen, nur soviel Platz zu lassen, wie ein I mit normalen Seitenabständen einnehmen würde (vergleiche auch Seite 61).
Zeilenabstände sollten bei den Großbuchstaben deutlich kleiner sein als die Buchstabenhöhe. Da die Abstände reine Helligkeit darstellen, könnte ein weiterer Abstand das Schriftbild zum Flimmern bringen.

HIN HAM OCH LATO

gleiche Abstände

LA

größte Lücke, die nicht verkleinert werden kann

zum Buchstaben als Innenraum zu rechnen

optischer Buchstabenabstand

HIN

HAM HAM

OCH

ausgeglichene Abstände

LATO

↑ Unterschneidung

kompreß SCHRIFTBILD CH

ausgeglichen SCHRIFTBILD

WORTABSTÄNDE SOLLTEN ETWA DIE BREITE HABEN, DIE EIN „I" MIT DEN OPTISCH INS SCHRIFTBILD PASSENDEN ABSTÄNDEN BRAUCHEN WÜRDE.

Foundational-Grundschrift

Die Foundational-Grundschrift ist die erste wirklich kalligraphische Schrift, die wir Ihnen vorstellen. Sie ist besonders für Urkunden und festliche Schriften geeignet

Jetzt möchten wir Ihnen die Variante einer aufgebauten Kleinbuchstaben-Schrift vorstellen, die der Schriftreformer Edward Johnston zu Beginn dieses Jahrhunderts aus historischen Vorlagen entwickelt hat. Er orientierte sich bei dieser Schrift an derjenigen eines Psalteriums (geistliche Schriftsammlung, insbesondere Psalmen) aus dem späten 10. Jahrhundert, die in Winchester geschrieben wurde und im Britischen Museum in London aufbewahrt wird.

Es ist schon bewundernswert, wie klar und modern diese Schrift anmutet. Natürlich hat Johnston seine eigene Interpretation dieser Schrift ein wenig den heutigen Gewohnheiten angepaßt. Als *Grundschrift* („Foundational") hat sie seit ihrer Veröffentlichung 1906 unzähligen Menschen den Einstieg in die Kalligraphie geebnet.

Kalligraphische Ansätze

Bevor wir uns der Foundational widmen, zuvor noch ein paar Worte zum kunstvollen Schreiben.

Mit der Betrachtung der aufgebauten Breitfeder-Buchstaben haben wir fast unmerklich die Grenze zur Kalligraphie überschritten. Kalligraphie ist die *Kunst des schönen Schreibens* – ein sehr weiter Begriff, der historische Schriften ebenso umfaßt wie freie, abstrakte Schriftblätter der Gegenwart.

Auch wenn in diesem Buch vor allem die Handschrift besprochen werden soll, so wäre es doch ein Fehler, die kulturellen Ursprünge unserer Schrift und ihre Auswirkungen auf die Schriftkultur zu übergehen. Beispielsweise ist im 20. Jahrhundert die Kunst des schönen Schreibens gerade aus dem Ansporn, die Handschrift zu verbessern, wiedererstanden. Dazu gehört auch die Foundational. Denn leider hatte die Einführung mechanischer Schreibhilfen dazu geführt, den Blick für das Wesen der Schrift zu verstellen.

Selbst wenn Sie sich in künstlerischer Schrift nicht intensiver ausbilden möchten, wird Ihnen das Lesen und Betrachten der nachfolgenden Seiten sicherlich Freude machen und Ihr Schriftverständnis vertiefen. Am schönsten aber ist es natürlich, selbst zur Feder zu greifen und schreibend die Ausführungen mitzuvollziehen.

Aufbau der Foundational

Die Foundational-Grundschrift ähnelt in vielen Punkten der auf Seite 65 erläuterten Kleinbuchstabenschrift. Sie ist aber *ziervoller* und trägt kalligraphische Züge.

Auf Seite 69 können Sie die konstruktiven Elemente der Grundschrift oberhalb des Kleinbuchstaben-Alphabetes sehen. Als Schreibgerät ist ein *ArtPen Calligraphy 1.5* besonders geeignet. Sie können aber auch Ihren ArtPen Italics 0.9 verwenden und etwas kleiner schreiben (Vorlage verkleinert fotokopieren).

Wir möchten Ihre Aufmerksamkeit besonders auf zwei Zierelemente lenken, die über das bisher Gelernte hinausgehen:

1. Spitze An- und Abstriche.

2. Keilförmige Ansätze der Oberlängen.

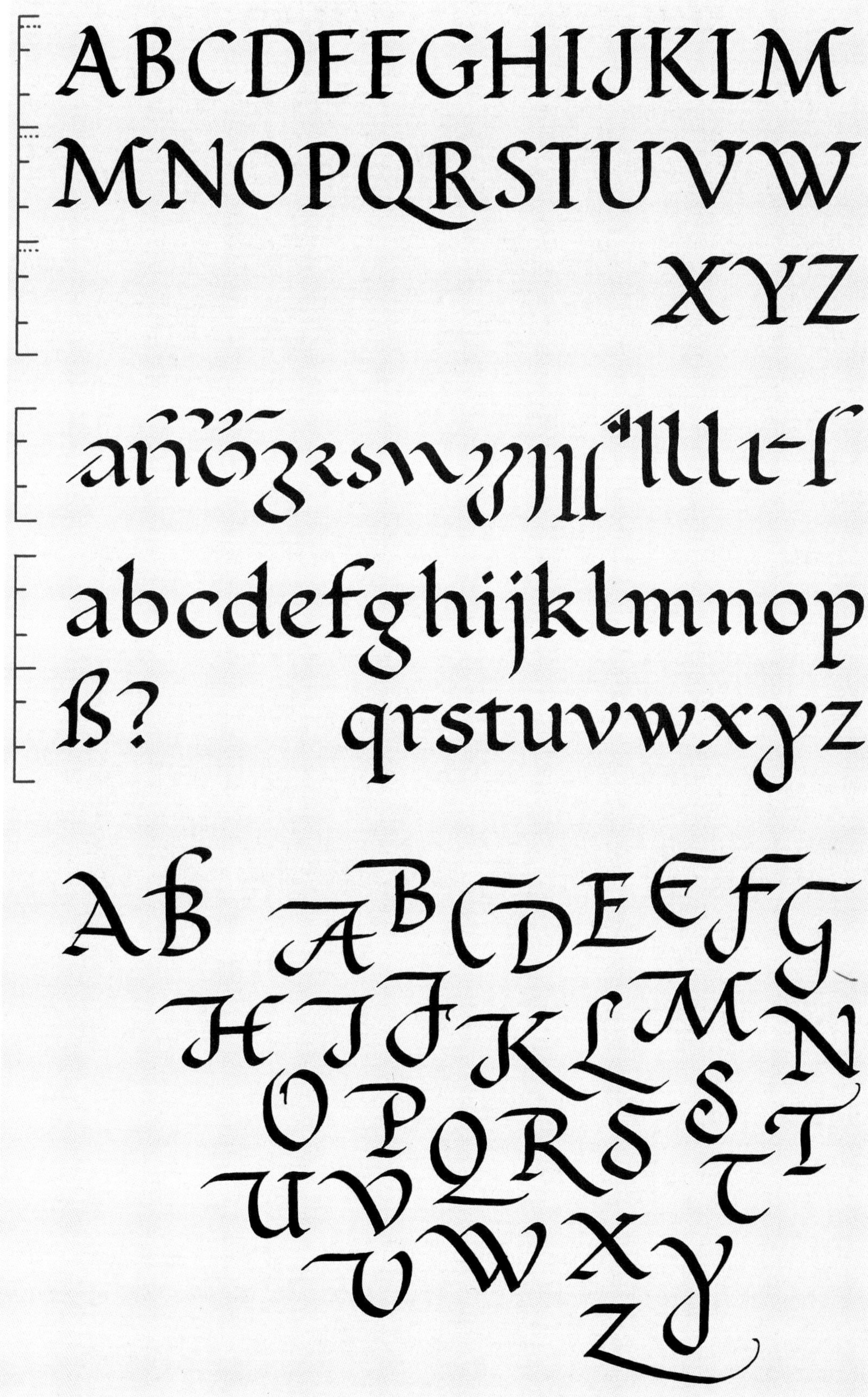

Mit einem Federwinkel von 30° ist diese Schrift für die Hand sehr „bequem". Lediglich bei den Buchstaben M, N und V setzt man die Federkante in einem steileren Winkel aufs Papier

Die schöne Foundational-Schrift läßt der Phantasie freien Lauf. Wenn Sie sich vom Zeilenschema lösen, ergeben sich neue, überraschende Möglichkeiten der Gestaltung mit Schrift. Die Foundational eignet sich beispielsweise gut zum Formschreiben, losgelöst von geraden Zeilen, weil ihre Buchstaben senkrecht stehen, zudem wirkt sie ornamental. Die Ausführung fällt leichter, wenn Sie die Ober- und Unterlängen so kurz wie möglich halten

An- und Abstriche

Die spitzen *Anstriche* entstehen, wenn Sie die Feder, gewissermaßen rechts vom eigentlichen senkrechten Schaft – beispielsweise beim n – im Winkel von 30° ansetzen und leicht nach rechts oben gleiten lassen. Ohne abzuheben, geht die Feder dann in einer sanften Kurve in den senkrechten rechten Schaft über.
Die spitzen *Abstriche* entstehen, wenn der Schaft rechts außen in einen kleinen Rechtsschwung ausläuft (siehe wieder n).
Durch diese An- und Abstriche erhält die Schrift eine starke Bindung zwischen den Buchstaben, die sie der Handschrift nahebringt. Sie können aus der Foundational-Grundschrift eine eigene, eine aufgebaute Handschrift entwickeln. Beispiele hierfür finden Sie auf Seite 71.

Keile

Die *keilförmigen Verdickungen* an den Oberlängen werden aus zwei Teilen zusammengesetzt: Zuerst schreiben Sie eine Raute in Federbreite und überschreiben diese mit einem spitzen Anstrich. Ähnlich, wie wir es bei der Cancellaresca (siehe Seite 34 bis 37) besprochen haben, erhält die Schrift dadurch mehr horizontalen Halt.

Ergänzung durch Großbuchstaben

Bitte üben Sie auch die Großbuchstaben in Ruhe ein. Ihr besonderes Augenmerk möchten wir auf das Zierbuchstabenalphabet lenken, das auf Seite 69 unten abgebildet ist. Mit diesen Anfangsbuchstaben und nachfolgender Kleinbuchstabenschrift können Sie sehr schöne Urkunden und ähnliche Schriftstücke für besondere Anlässe verfassen.
Bei den Großbuchstaben können Sie schon einmal großzügige *Schwünge* einsetzen. Das haben die alten Schreibmeister auch so gehalten. Entsprechend dieser Tradition sollten Sie dafür bei den Kleinbuchstaben eher ein sachliches Bild beibehalten.
Ein Tip: Zierformen sollten Sie insgesamt sparsam einsetzen, dadurch werden sie viel wirkungsvoller. Zu viele Zierformen vermitteln einen überladenen Eindruck. Es ist wie beim Schmuck: Ein besonders schönes Stück verleiht Glanz, zuviel wirkt „aufgetakelt".

Initialen gestalten

Die Großbuchstaben der Foundational eignen sich auch hervorragend für die Gestaltung von Initialen. Die Komposition der *Anfangsbuchstaben* einer Persönlichkeit war schon immer eine besondere Herausforderung für Schreiber und Schreiberinnen.
Wir finden hier eine neue Aufgabe der Gestaltung mit Schrift, die über alles Bisherige hinausgeht: Sie können die Initialen *verschlungen* schreiben. Erfinden Sie gewissermaßen eine neue Schriftfigur, in der die verschiedenen Elemente so miteinander harmonieren, daß sie ein neues, geschlossenes Ganzes bilden (siehe Seite 71 links unten).
Für diesen Zweck verlassen wir erstmals die lineare Abfolge der Buchstaben. Ein anderes, sehr vergnügliches Verfahren, mit Schrift über das Gewöhnliche hinauszugehen, ist die freie Nutzung der Schreibfläche.

Lassen Sie Ihre Phantasie spielen!

Wer sagt denn, daß wir immer und für jeden Zweck in geraden Zeilen schreiben müssen? Nicht die Zeilen bestimmen die Schrift, sondern *die Schrift bestimmt die Zeilen!* Das ist schon fast eine kleine Relativitätstheorie der Schrift.
Praktisch umgesetzt führt dies zu phantasievollen Entwürfen, von Grüßen aus dem Urlaub an der See mit wellenförmigen Zeilen bis hin zu Schriftschnecken, -brezeln und vielen anderen Möglichkeiten, die wir Ihrer Schriftphantasie überlassen wollen. Rechts unten finden Sie eine Anregung.

'foundational hand'

Italic hand blackletter F

Lieber,

ich wollte dir den Sommer schenken
ihn auf dein Hemd malen
auf deine Lippen tupfen

doch nun ist nichts draus geworden
du ließest mich allzulange
allein
da ist er
verflogen.

RK

Geschick und Erfolg im Neuen Jahr beim Lösen unnötiger Verwirrungen! Möge Ariadnes Faden Sie sicher durchs kommende Jahr geleiten.

Karolingische Minuskel

Ganz zum Abschluß unseres Ausflugs in die Geschichte der schönen Schrift möchten wir Sie nun mit der karolingischen Minuskel bekannt machen. Sie ist mit der Foundational-Grundschrift eng verwandt, aber eine wirklich *historische Schrift*, also nicht modernisiert.

„Mutter" der Schriften

Die karolingische Minuskel gilt zu Recht als die „Mutter" unserer Schrift. Sie vereint schlichte Klarheit mit vollkommener formaler Schönheit

Die karolingische Minuskel (*Kleinbuchstabe*) liegt fast allen heute geschriebenen und gedruckten Schriften zugrunde. Sie ist ein wesentlicher Bestandteil der abendländischen Kulturtradition und damit auch Ihrer und unserer kulturellen Prägungen, auch wenn wir uns dessen gar nicht bewußt sind.
Im späten 8. Jahrhundert erkannte Karl der Große, dem die Schrift ihren Namen verdankt, daß eine einheitliche und klare Schrift eine wichtige Bedingung für die Verwaltung seines riesigen Reiches darstellte, eines Reiches, das wesentliche Teile der heutigen Europäischen Union umfaßte.
Zu jener Zeit kamen die besten Schreiber aus England und Irland. Deshalb beauftragte Karl den Geistlichen Alkuin von York, den er in seine Residenz nach Aachen geholt hatte, mit der Reinigung der schon entwickelten Kleinbuchstabenschriften und der Ausarbeitung einer vorbildlichen Schrift.
Alkuin von York ging später als Abt in das Kloster St. Martin in Tours im heutigen Frankreich. Dort entstanden die besten Schriftstücke in der originalen karolingischen Minuskel.

Aufbau der Buchstaben

Im Prinzip ähneln die Buchstaben denen, die wir bei der Foundational-Grundschrift kennengelernt haben. Es gibt aber einige Besonderheiten, die auf den ersten Blick altertümlich wirken – was bei einer 1200 Jahre alten Schrift ja nicht verwundern muß.
Bitte betrachten Sie aufmerksam das Alphabet auf Seite 73. Schon der erste Buchstabe, das kleine a, ist für uns neu: Der Schaft ist *schräg* von links oben nach rechts unten geschrieben. Für Ihre Zwecke können Sie allerdings auch ein kleines a aus der Kleinbuchstabenschrift verwenden (siehe Seite 61).
Ein anderer recht exotischer Buchstabe ist das kleine g. Die karolingische Minuskel hat es aus der Kleinbuchstabenschrift irischer Mönche des 6. und 7. Jahrhunderts übernommen. Als Alternativen können Sie die Formen verwenden, die auf der Seite gegenüber in Zeile 3 angegeben werden.
Die karolingische Minuskel wurde ursprünglich nur mit einem sogenannten „langen" s geschrieben. Sie finden die Form in Zeile 2 zwischen dem r und dem gewohnten s, das wir als Alternative mit aufgeführt haben. Das lange s wird aus zwei Teilen zusammengesetzt: Zunächst schreiben Sie ein i, aus dem Sie dann den schwungvollen oberen Bogen herauswachsen lassen.
Wahrscheinlich wurde das lange s verwendet, weil die karolingische Minuskel ursprünglich eine reine Kleinbuchstabenschrift war. Durch die zusätzliche Oberlänge beim s, einem sehr häufig vorkommenden Buchstaben, wurde das Schriftbild aufgelockert und erhielt einen schöneren Rhythmus.
Noch eine Besonderheit ist das äußerst kurze t. Das hohe t war zur Zeit der Entstehung der karolingischen Minuskel noch nicht bekannt. Da das t in der Buchstabenverbindung (Ligatur) st unter dem oberen Schwung des s steht, verbietet sich eine zu hohe Gestaltung im übrigen von selbst.

a a b c d e f g h i j k l m n o p q

r r ſ s t u v w x y z z

ß ſſ ſt ſt st ſa ff fl ft fa g g æ œ œ

A B C D E F G H I J K L M N O P

Q R S T U V W X Y Z Z & ?

1 2 3 4 5 6 7 8 9 0

je schlichter die
karolingische
Minuskel
geschrieben wird,
desto „moderner"
wird ihr Gesicht.

Mit der
römischen
Capitalis
bildet sie
die Grundlage
europäischer
Schrift.

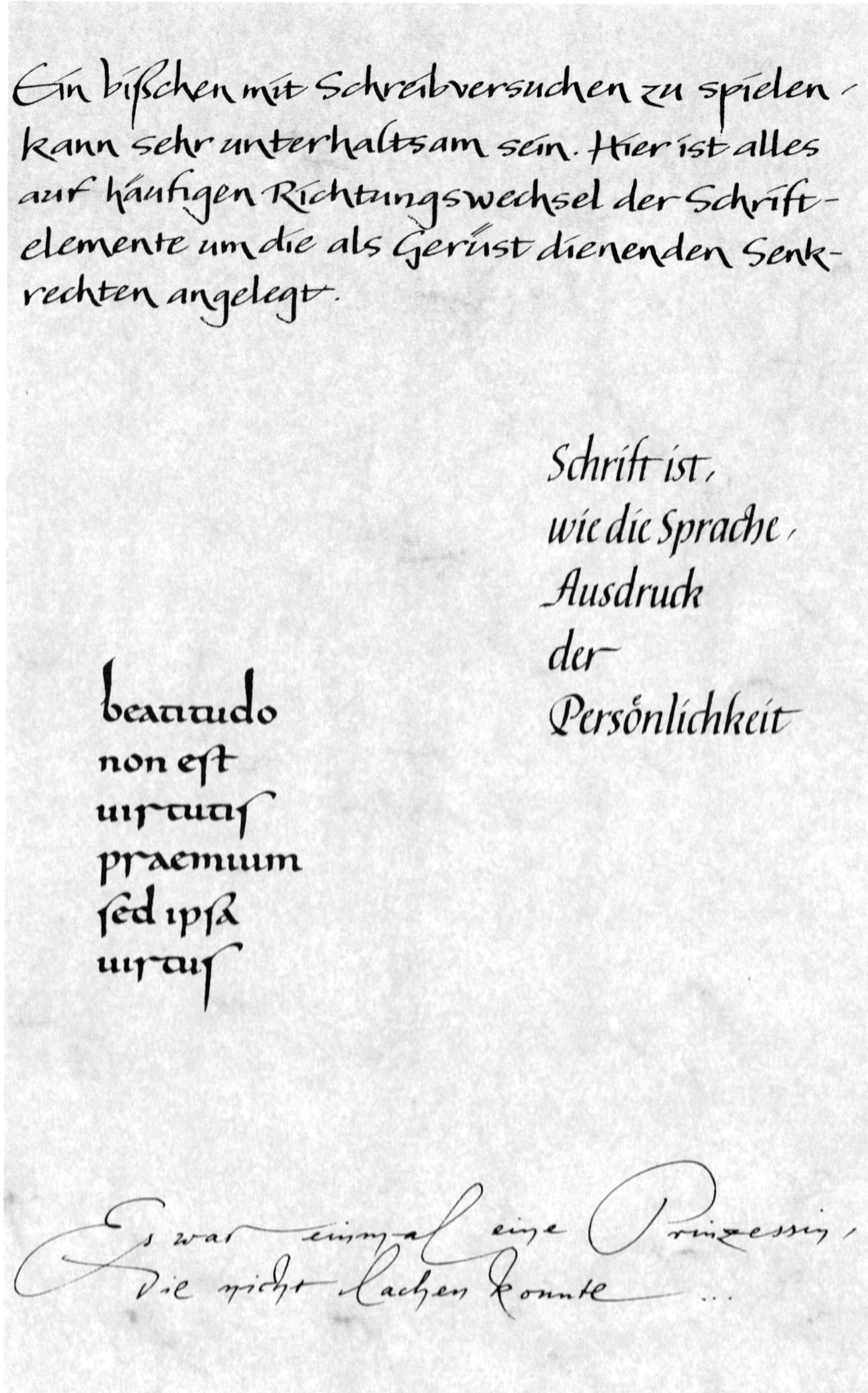

Zum Abschluß eine kleine Galerie mit aufgebauten und anderen Schriften: Die Schreiberin, Kalligraphin und Zeichnerin Ingrid Schade hat aus dem Empfinden für die schöne Handschrift eine ganz persönliche Ausdruckssprache entwickelt. Die hier abgebildeten Beispiele sollen Ihnen einen kleinen Einblick in die Möglichkeiten der eigenen Schriftentwicklung geben. Bitte beachten Sie die Bindung der Buchstaben – sie ist eine Spezialität Ingrid Schades und gibt ihren Schriften einen völlig eigenständigen Charakter

über das schönschreiben hinaus in bereiche
gelangen zu wollen, in denen schreiben ein
künstlerischer prozeß wird, erfordert
intensive selbständige beschäftigung mit
allen erdenklichen gestalterischen mitteln,
infragestellen von gewohntem,
suche nach nie gesehenem.

Für meine arbeit ‚Carmina burana' brauchte ich eine
schrift für die übersetzung der lateinischen texte.
Sie sollte der starken hauptschrift, einer karolingi-
schen minuskel, durch eigenen charakter standhalten
und doch dem zurückhaltenden part einer begleitschrift
gerecht werden. So entstand nach vielen versuchen
aus einer frühen römischen kursiven meine eigene schrift:
eine ‚schade-kursiv'.

Weiterführende Bücher

Die schöne Handschrift und der Übergang zur Kunstschrift wird in den folgenden, empfehlenswerten Büchern dokumentiert.

Ingrid Schade: Kalligraphie – Gestalten mit Schrift. FALKEN Verlag, Niedernhausen, 1990.
Dieser universelle kompakte Kursus ebnet Einsteigern den Weg in die Welt des künstlerischen Schreibens. Das Buch umfaßt 80 Seiten.

Reinhard Kunze: DuMont's Handbuch Kalligraphie. Einführung in Geschichte, Theorie und Praxis der handschriftlichen Gestaltung. Köln, 1992.
Viel Wissenswertes bietet dieses 295-seitige Werk; es wendet sich an alle, die sich vertiefend mit dem Phänomen des Schreibens befassen wollen.

Hermann Zapf: Kreatives Schreiben. Anleitungen und Alphabete. Ein neuartiges Instruktionsbuch zum Erlernen künstlerischer Schrift. Hamburg, 1985.
In der Regel erhält man diese 32seitige Broschüre in guten Schreibwarengeschäften. Der zeitgenössische Meisterkalligraph Hermann Zapf, der einige Schriften selbst entwickelt hat, präsentiert hier eine interessante Schriftmustersammlung.

Register

Von Ingrid Schade sind im FALKEN Verlag bereits erschienen:
„Hobby Aquarellmalen" (876) und „Kalligraphie" (1044)

ISBN 3 8068 1501 1

Umschlaggestaltung: Andreas Jacobsen
Layout: Horst Bachmann
Gestaltung der Handschriftenseiten: Ingrid Schade, Hamburg
Redaktion: Regine Felsch
Herstellung: Sabine Vogt
Titelbild (Handschriften): Ingrid Schade, Hamburg
Fotos: Photo-Illustrations Ltd., Jersey
Alle Handschriften stammen – soweit nicht anders angegeben – von Ingrid Schade.

Satz: Grunewald Satz & Repro GmbH, Kassel
Druck: Karl Neef GmbH & Co., Wittingen

817 2635 4453 6271